한눈에 쏙쏙

주린이 주식 과외하기

한눈에 쏙쏙
주린이 주식 과외하기

초판 1쇄 발행 2021년 3월 11일
초판 2쇄 발행 2021년 3월 18일

지은이 장우진(자유읽튜브THE)

발행인 장상진
발행처 (주)경향비피
등록번호 제2012-000228호
등록일자 2012년 7월 2일

주소 서울시 영등포구 양평동 2가 37-1번지 동아프라임밸리 507-508호
전화 1644-5613 | **팩스** 02) 304-5613

ⓒ장우진

ISBN 978-89-6952-452-2 03320

· 값은 표지에 있습니다.
· 파본은 구입하신 서점에서 바꿔드립니다.

한눈에
쏙쏙

주린이 주식
과외하기

장우진(자유일튜브THE) 지음

경향BP

"내가 할 수 있는 일은
너에게 문을 보여 주는 것뿐이다.
그 문을 열고 나가느냐 마느냐를
결정하는 것은 오직 당신 몫이다."

· 영화 「메트릭스」 중 ·

프롤로그

전환의 시대. 우리는 지금 시대의 변화 중심에 서 있다. 우리가 4차 산업혁명 시대라고 부르는 곳으로 향하는 작금의 변화를 두고 무 자르듯 그 시기를 나누며 시간을 규정할 수는 없지만, 확실한 것 한 가지는 빠른 속도로 사회가 변하고 있고 어쩌면 우리는 인류 역사에서 중요하게 기억될 전환점 위에 서 있다는 것이다.

역사적으로 볼 때 전환의 시대는 과잉 유동성의 시기이기도 했다. 16세기 이후 제국주의 시대가 열릴 때 그랬고, 20세기 초 제조 혁명을 바탕으로 2차 산업혁명 시대가 촉발되었을 때도 그랬다. 지난 1999년 인터넷 시대가 본격적으로 열리면서 닷컴버블의 절정에 이르는 과정도 과잉 유동성의 대표적인 사례이다. 이처럼 시대의 중요한 전환기에는 유동성이 넘쳐났고 넘치는 유동성은 버블을 불러왔다.

지금, 주위를 둘러보자. 우리는 다가올 미래에 대한 기대감을 품고 있으며, 더 나은 세상이 도래할 것이라고 생각하고 있다. 사회 곳

곳에서 혁신이 일어나고 있고 유동성이 넘쳐흐르고 있다.

우리는 지금 필연적으로 시장에 참여하여 부를 쌓기 위해 노력해야 한다. 더 나은 미래를 위해 움직이고 노력하는 사람은 분명 원하는 바를 얻어 낼 수 있을 것이다. 하지만 행동하지 않는다면 소외될 것이고 어쩌면 좌절과 절망을 맛볼 수도 있다. 물론 시장에 참여한다고 해서 모든 것이 이루어지는 것은 아니다. 스스로 올바른 길을 찾기 위해 노력해야 한다. 그러지 않는다면 패배를 맛볼 가능성이 높다.

필자는 이전 책인 『4차 산업혁명 주식투자 인사이트』에서 앞으로 어떤 사회적인 변화가 있을 것이고 다가올 미래에는 어느 분야가 성장할 것인지에 대해 다룬 바 있다. 그러면서 성장할 분야에 대해 관심을 두고 관련 기업에 투자하라는 조언을 했다.

그런데 많은 사람이 궁금해했다. 앞으로 어떤 산업이 성장하고, 어디에 집중하는 것이 옳은 것인지는 큰 틀에서 이해가 되지만, 좀 더 구체적으로 어디에, 어떻게 투자하면 좋을지 방법론적인 측면이 궁금하다는 이야기가 많았다. 사람들은 투자 방법론에 갈증을 느끼고 있었다. 어떤 이들은 이렇게 말하기도 했다.

"유동성이 넘치는 시기이고 투자하기 좋은 시절이라는 것을 머리로는 이해하겠는데, 어디에, 어떻게 투자를 하면 좋을지 구체적으로 어떻게 행동하면 되는지 모르겠습니다. 부를 잡는 방법, 바다에서 수영하는 방법을 알지 못하면 그저 허우적대며 바다에 빠져 죽을 뿐이잖아요."

수영하는 방법, 밀려오는 부의 파도에 올라탈 수 있는 방법을 알려 달라는 사람들이 있다. 그들이 틀린 말을 하는 것은 아니다.

그렇다면 어떻게 투자하면 될까? 이 책에서는 이 '방법'에 대해 다뤄 보고자 한다.

주식 시장에서 투자를 하는 방법은 참여자의 숫자만큼이나 다양하다. 그렇지만 한편으로는 수많은 전설적인 투자자들의 조언, 투자에 관한 고전(古典), 시장에서 나타나는 보편적인 현상 속에서 우리가 가야 할 길에 대한 안내를 받을 수 있다.

전설적인 투자자들의 이야기, 투자에 관한 고전에서 발견할 수 있는 공통점이 뭘까? 그것은 바로 투자 시장에 자신의 이름을 남긴 이들은 모두 자신만의 투자 원칙을 가지고 있었고, 그 원칙을 지키기 위해 노력했다는 것이다. 그리고 지난 200년 동안 주식 시장에서 꾸준히 수익을 안겨 준 투자 방법이 존재한다는 점은 매우 흥미로운 일이다.

세계 4위 부자(포브스, 2020년 기준)에 이름을 올리고 있는 워런 버핏의 연평균 수익률은 20% 정도라고 한다. 월가의 영웅이라고 불리는 피터 린치는 피델리티에서 13년 동안 마젤란 펀드를 운용하면서 연평균 29%의 수익률을 올렸다고 한다.

하루에도 20~30%씩 치솟는 급등주가 즐비한 증시에서 1년에 20%, 29%와 같은 숫자는 작아 보이기도 한다. 그렇지만 워런 버핏은 60년 넘게 20%의 수익률을 유지하면서 자산을 100만 배 이상 늘렸고, 피터 린치의 마젤란 펀드는 13년 동안 2,700%의 수익을 거두었다. 꾸준히 승리할 수 있다면 복리의 마법을 누리면서 큰 부를 쌓을 수 있다는 것이다. 투자 원칙을 잘 세우고 시기만 잘 맞으면 빠른 속도로 부를 쌓을 수도 있다.

이 책은 기본적으로 직장인 투자자들을 위한 책이다. 전업 투자자가 아닌 사람들, 온종일 주식 투자에 매달리지 않고 자기가 해야 할 일을 하면서 주식 투자를 하는 사람들을 위해 쓰였다는 말이다. 바꿔 말하면, 주식 투자에 시간 할애를 최소화하면서 수익률은 최대로 높이기 위한 투자에 대해 이야기하는 책이다.

시간 투자를 최소화하는 투자라고 해서 목표 수익률이 낮은 건 아니다. 목표 수익률은 1년에 50~100%(2배)로 설정했다. 운이 따라 주고 종목을 잘 고른다면 100%를 넘어서는 수익률도 가능하다. 이 책은 비교적 수익을 쉽게 낼 수 있는 방법에 대한 고찰이자 조언이다.

급등주, 테마주를 바라보는 사람들은 1년에 100%(2배) 수익이 작아 보일 수도 있다. 하지만 앞서 이야기했듯이, 직장에 적(籍)을 두고 월급을 꼬박꼬박 받으며 생활하는 사람이 큰 노력을 들이지 않고 꾸준히, 그리고 편안하게 1년에 100%라는 수익을 15년간 유지하면 얼마가 될까?(성공한다면 당신은 분명 투자의 신으로 불릴 것이다.)

예컨대, 1억 원으로 투자를 처음 시작했다고 가정하고, 10년 동안 꾸준히 100% 수익을 유지한다고 하면 1억×2^{10}=1,024억 원이 된다. 1억 원으로 시작하여 10년간 2배씩 복리로 불리면 1,000억 부자가 될 수가 있다는 것이다. 물론 이것은 이론적으로 본 것이기 때문에 다소 현실감이 떨어질 수도 있다. 그러나 결코 허황된 꿈은 아니다.

만약 1,000만 원으로 시작한다고 하더라도 10년만 꾸준히 수익을 내면 10억 원이 된다. 주식 투자를 처음 시작하는 직장인들은 보통 1,500~3,000만 원 정도의 종잣돈[1]을 가지고 시작한다고 한다. 직장 생활을 하면서 명퇴가 아닌 40~50대에 퇴사하는 파이어족을 꿈꾸며 꾸준히 수익을 낸다면? 아이들을 키우면서 아이들이 다 클 때까지 15~20년 정도 투자를 하면서 꾸준히 수익을 낸다면?

길게 본다면 누구나 워런 버핏, 피터 린치가 될 수 있다. 모든 일은 마음먹기에 달렸다.

아무리 좋은 무기가 있다고 하더라도 시장에서는 미래의 불확실성과 싸워야 한다. 원칙을 세우고 그것을 지킬 수 있는 힘은 나의 내면에서 나온다. 인내와 끈기를 기본자세로 삼고 스스로를 믿으면서 앞으로 나아가야 한다. 누구나 처음은 힘들다. 하지만 반복하면서 익숙하게 만든다면 쉬워지는 것을 넘어서서 자연스러워질 수 있다. 지금부터라도 시작하라.

앞으로 하게 될 이야기는 성공에 대한 이야기가 아니다. 어쩌면 나의 실패에 더 주목해야 할지도 모른다. 실패 사례를 이야기하는 것은 실패에서 배울 점이 많기 때문이다. 성공에 다가가기 위해서는 실

---

1 한국경제(2020.9.30.) 「월 200만 원 모아 집 살 수 있나. 절박함이 부른 주식 투자」 "2030세대의 평균 투자금액은 1,600만 원." 참고.
이데일리(2020.10.14.) 「돈 번다니 주식 기웃, '야망꾼'이지만 손실은 못 견뎌」 "직장인 주식 투자 현황 설문 조사 결과 2030세대 약 80%, 4050세대 약 60%가 투자금액 2,000만 원 미만인 것으로 파악."

패를 넘어서야 하는 법이고, 나의 실패이든 다른 사람의 실패이든 그 과정을 고찰해 본다면 한층 더 성장할 수 있다고 생각한다.

한 가지 기억해야 할 것은 내가 보여 주는 것, 내가 이 책에서 소개하는 방법이 진리가 아니라는 점이다. 이 책에서 소개하는 방법은 지난 200년 동안 시장에서 검증된 방법이고 여전히 유효한 결과를 보여 주지만, 전략 모델은 얼마든지 변형될 수 있고 당신 스스로 더 나은 방법을 모색해 볼 수도 있다. 이것은 나만의 방법이 아니다. 모두가 이용할 수 있는 방법이며 얼마든지 변형 가능하다.

좀 더 나은 삶을 꿈꾸는 모든 사람이 책을 읽고 이 방법을 활용해서 꿈을 현실로 만들기 바란다. 아마도 이것은 당신의 투자에 큰 도움이 될 것이다.

이제 시작이다. 함께 가든 혼자 가든 오래, 길게 가야 한다.
행운을 빈다.

이 책이 세상에 나올 수 있도록 도움 주신 모든 분께 감사의 말씀을 드린다. 바쁘다는 핑계로 많은 시간을 함께해 주지 못한 사랑하는 아내 수연과 사랑스런 딸 리나와 로아에게 미안한 마음과 함께 고마움을 전한다. 모든 이에게 앞으로 행복한 순간만 존재하길 소망한다.

장우진

차
례

주식 계좌를 만들다

2부 주식 매매를 하다

3부

더 나은 매매를 위한 생각들

4부

더 나은 투자자가 되기 위한
얇고 넓은 지식

"단순함이 정교함의 극치이다."

· 레오나르도 다 빈치 ·

1부

주식 계좌를 만들다

나는 왜
주식 계좌를 만들었나?

주식 계좌를 하나 만들고 2,000만 원을 넣었다. 금액에 특별한 의미가 있는 것은 아니다. 대한민국의 일반적인 직장인 투자자들의 투자 자금이 보통 1,500~3,000만 원 정도 한다기에 2,000만 원을 넣은 것이다. 일부 투자자들은 초기 투자금액을 늘리기 위해서 마이너스 통장을 이용하거나 신용대출, 주택담보대출금의 일부를 활용하는 경우도 있다고 한다. 하지만 나는 빚내서 투자하는 '빚투'를 권장하지 않기에 많은 직장인 투자자와 함께 2,000만 원의 가능성을 시험해 보고자 한다.

계좌를 만든 목적은 단순하다. 주식 시장에는 다양한 투자 전략·방법이 있지만, 쉽고 단순한 전략 하나만 사용하더라도 충분히 수익을 낼 수 있고, 운이 잘 따라준다면 꾸준히 수익을 내는 것을 넘어서 큰 부를 일굴 기회를 잡을 수 있다는 것을 이야기하기 위해서이다. 이 책을 통해 주식 투자를 하는 직장인들이 쉽게 활용할 수 있는 투자 전략을 소개하는 것도 하나의 중요한 목적이다.

이 방법을 소개하고, 사람들이 이 방법을 따라 한다고 해서 내가 로열티를 받는 것도 아니고, 투자법을 알려 줬다고 해서 특별한 대가를 받는 것도 아니다. 그저 이 책에서 소개하는 방법을 따라 하는 사람들은 이 방법을 활용하여 수익을 내면 된다.

이 방법은 정말 단순하다. 많은 것을 공부할 여유가 없는 사람들, 투자 공부에 많은 시간을 할애할 수 없는 사람들이 안정적으로 수익을 올릴 수 있는 방법이라고 확신한다.

하지만 좀 더 깊이 들어간다면 공부해야 할 것이 많아 보일 수도 있다. 장기적으로 시장에서 살아남기 위해서는 공부가 필수다. 그렇기 때문에 주린이(주식 초보자. '주식+어린이'의 줄임말)라면 단순함에서 시작하여 자신의 투자 전략·방법을 정교화시켜 나가는 것을 추천한다.

주식 투자를 해 보면 시장을 피부로 느낄 수 있고 절박함까지도 느낄 수 있다. 그렇기 때문에 투자를 하면서 여러 가지 이론적인 요소들을 공부하고 하나씩 적용해 가면서 하나하나 자신의 것으로 만들기 바란다. 물론 어설프게 공부하면 안 된다. 어설프게 공부하면 안 하는 것보다 못할 수도 있다는 점을 생각하면서 자신의 목표와 투자 원칙을 세우고 진지하게 임해야 한다.

시장은 결코 단순한 곳이 아니지만 때로는 단순하게 접근해야 할 때도 많다. 오히려 그게 더 나을 때도 있다. 최대한 쉽게 가 보자.

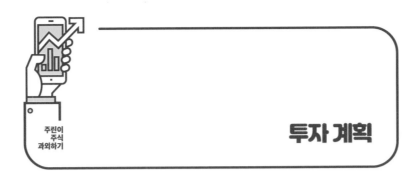

주린이
주식
과외하기

투자 계획

매매 기준을 생각하다

직장인 투자자, 초보 투자자들도 손쉽게 매매를 하고, 수익을 낼 수 있는 방법을 이야기하는 것이 계좌를 만들고 운용하게 된 주된 이유이다. 그러기 위해서 가장 먼저 해야 할 일이 매매의 기준을 정하는 일이라고 생각했고 간단한 규칙 몇 개를 정했다.

> 첫째, 포트폴리오 구성 종목은 5~6개 정도로 한다.
>
> 둘째, 수익 30% 정도에서 매도하여 수익을 확정 짓는다.
>
> 셋째, 손실 -15% 이내에서 손절한다.

기본적인 규칙이다. 아주 간단해 보인다.

첫 번째 규칙으로 포트폴리오 구성 종목을 5~6개로 제한했다. 시장에는 좋은 종목이 많지만 자본금이 적은 상황에서 너무 많은 종목을 포트폴리오에 편입할 수는 없다. 자본금은 적은데 계좌에 너무 많은 종목을 편입하게 되면, 어느 한 종목이 많이 오르더라도 전체 계좌에서 차지하는 비중이 작기 때문에 계좌 전체 수익률 향상에 미치는 영향이 작다는 단점이 있다. 따라서 2,000~3,000만 원 정도의 자금을 운용하는 사람이라면 5~6개 정도가 적당하다고 생각했다.

한 종목에 평균적으로 500만 원 정도 투자했을 때, 10% 오르면 50만 원, 20% 오르면 100만 원 정도가 되기 때문에 금액적인 면에서 어느 정도 '주식의 맛'을 느낄 만한 수준이 될 수 있다고 생각한다.

또한 5~6개 종목 정도면 종목을 관리하는 데 큰 어려움이 없을 만한 수준이다. 초보 투자자가 10개 이상의 종목을 관리하는 것은 쉬운 일이 아니다. 한편으로는 종목을 분산하지 않고 1~2개 종목에 '몰빵'하는 것을 생각할 수도 있겠지만 이것 또한 별로 추천하지는 않는 방식이다.

초기 자본금이 적은 사람들은 종목 하나를 잘 골라서 소위 '대박'을 노려보고자 하는 마음이 있을 수도 있다. 하지만 우리는 대박을 노리는 것이 아니다. 우리가 투자를 하는 목적은 좋은 종목을 찾아내고 '꾸준히 좋은 성과'를 거두는 것이기 때문에 1~2종목 몰빵으로 대박을 노려야겠다는 생각으로 투자에 임해서는 안 된다. 마음 편히 투자하면서 꾸준히, 오랫동안 수익을 거두는 것이 중요하다.

시장에는 우리가 인지하지 못하는 위험이 도사리고 있다. 갑작스런 악재가 등장하거나, 실적 악화 등과 같이 주가를 급락시킬 수 있는 다양한 사건이 생겨날 수도 있다. 따라서 포트폴리오 다양화는 리스크를 줄이면서 오랫동안 시장에서 살아남아 수익을 올릴 수 있는 최선의 방법이 될 수 있다.

두 번째 규칙으로 매수 종목이 상승할 경우, 30% 선에서 수익을 확정 짓고 다른 종목으로 갈아탄다는 계획을 세웠다. 이 기준을 세운 이유는 '매수'하는 것보다 더 중요한 것이 '매도'하는 것이고, 수익을 내면서 매도하는 것이 중요하기 때문에 '30% 차익 실현'이라는 간단한 규칙을 세운 것이다.

필자의 이전 책인 『4차 산업혁명 주식투자 인사이트』에서 일봉 차트상 고점에서 위꼬리가 긴 양봉이나 장대 음봉이 나오면서 거래량이 증가할 때, 그리고 전년 대비 실적(YoY)이 하락할 때 등 2가지 매도의 기준을 제시한 바 있지만, 그것 역시 매도의 절대적인 기준이라고 보기는 힘들다.

주식 시장에서 언제 어떻게 매도하는 것이 옳은지 명확히 규정짓기는 힘들다. 그렇기 때문에 하나의 기준으로써 수익률 30% 도달 시 차익 실현 매도(30%룰)라는 지극히 단순해 보이는 규칙을 세웠다. (30%룰은 안정적인 수익을 거둔다는 측면에서는 괜찮은 규칙일 수 있으나, 수익률을 극대화하는 데 있어서는 그리 좋은 방법이 아니다. 따라서 실험 계좌 운용에서 수익률 제고를 최우선으로 삼은 나는 30%룰을 폐기했다. 내가 30%룰을 폐기한 이유, 그리고 매수와 매도에 대한 자세한 이야기는 이 책의 3부에서 다루었다.)

세 번째 규칙으로 수익률이 -15%에 근접하면(15% 손실) 손절을 해서 손실을 최소화한다는 계획을 세웠다. -10%, -20% 손절선 설정은 규칙이 아주 간단하고 기계적으로 매매하기에 좋다는 점에서 -15% 손절선을 마련한 것이다. 실제로 나는 실험 계좌를 운용하면서 일부 종목의 수익률이 -15% 정도에 도달했을 때 손절을 단행하기도 했다. (일률적인 손절선 설정 역시 앞서 이야기한 두 번째 규칙 30%룰과 마찬가지로 매매를 하는 데 있어 좋은 방법이 아니다. 모든 종목에 일괄적으로 손절선을 설정하고 접근하는 것은 계좌 운용 측면에서는 쉬운 운용법이 될 수 있지만, 비합리적인 면이 존재한다. -15%라는 손절선 적용이 왜 비합리적이며, 어떻게 하는 것이 좀 더 나은 손절 방법이 될 수 있을지에 대해서도 이 책의 3부에서 다루었다.)

실험 계좌를 만들고 매매 원칙으로 설정한 3가지 규칙은 누구나 생각할 수 있고, 실행할 수 있는 것들이다. 직장인을 비롯한 초보 투자자들이 좀 더 쉽게 매매를 하면서 수익률을 최대한 높이는 방법에 대해 이야기하고자 했기에, 누구나 실천할 수 있는 명확한 기준을 제시한 것이다.

하지만 역설적으로 누구나 할 수 있을 것 같은 간단한 규칙이 수익률을 갉아먹는 상황을 초래한다는 점 때문에 나는 실험 계좌를 운용하는 과정에서 매매 전략을 일부 수정하였다. 내가 실험 계좌를 운용하면서 왜 전략을 수정하였고, 어떻게 수정하였는지 등 일련의 변화 과정을 살펴본다면 분명 여러분은 나보다 더 나은 투자를 할 수 있을 것이라고 생각한다.

어떤 종목을 살까? : 매매 전략

어떤 종목에 투자해야 할까? 이것은 투자자들의 영원한 숙제이다. 투자를 하는 데 있어 어떤 전략을 사용할 것인지, 투자의 목적이 무엇인지에 따라서 종목을 고르는 방법은 달라진다. 시장에는 수많은 전략이 존재하고 사람마다 추구하는 가치가 다르기 때문이다. 단타, 스윙, 장기투자, 가치투자, 모멘텀 투자, 테마주 투자 등 다양한 투자 방법을 두고 무엇이 옳고 그르다고 단정 지을 수 없다. 투자 수익률을 높이기 위해 여러 가지 전략을 복합적으로 사용할 수도 있다.

투자자는 자신의 투자 목적과 성향에 맞는 투자 방법을 찾고, 그것을 활용하는 것이 중요하다.

이 책의 기본 취지는 투자자들이 최대한 매매 횟수를 줄이면서 높은 수익을 추구할 수 있는 전략에 대해 이야기하는 것이고, 이와 함께 시장에서 어떻게 하면 오랫동안 꾸준히 수익을 낼 수 있을지에 대해 논하는 것이므로 단타 매매는 지양한다.

나는 실험 계좌 운용의 기본 전략으로 '박스 모멘텀 전략'을 사용하기로 했다. 박스 모멘텀 전략은 이론적으로 존재하는 것이 아니다. 내가 기존에 사용하던 투자 방법 중 하나로서 독자들의 이해를 돕기 위해 붙인 이름이다. 박스 모멘텀 전략은 이름에서도 알 수 있듯이 기존에 잘 알려진 투자 방법인 '박스권 전략'과 '추세 추종 전략'으로도 불리는 '모멘텀 투자'를 결합한 투자 방법이다.

박스권 전략은 초보자들도 이해하기 쉬운 투자 전략 중 하나로서 안정적으로 수익을 올릴 수 있는 투자 방법으로 잘 알려져 있다. 한편, 모멘텀 투자는 박스권 전략보다는 좀 더 광범위한 개념으로서 어떤 한 가지 전략으로 특정하기는 어렵지만, 주가의 움직임이 상승이든 하락이든 한쪽 방향으로 움직이기 시작했을 때, 주가의 흐름은 그 방향성을 유지하려는 속성을 가진다는 것이 핵심 내용이다.

모멘텀 투자는 지난 200년 동안 시장에서 그 효용성이 입증되었다는 점에서 매우 유용한 전략이 될 수 있다. 특히 모멘텀 전략은 직관적이기 때문에 투자자들이 쉽게 접근할 수 있다. 이 같은 이유로 박스 모멘텀 전략은 투자자들이 시장에서 '돈을 잃지 않고 손쉽게 돈 버는 투자 방법'이 될 수 있다고 생각한다. 나는 실제로 투자를 하는 데 있어 박스 모멘텀 전략을 유용하게 사용하고 있기도 하다.

이 책의 2부에서는 박스 모멘텀 전략을 이용한 실전 투자에 대한 이야기를 할 것인데, 그 전에 박스 모멘텀 전략의 기반이 된 박스권 전략과 모멘텀 투자에 대한 이야기를 먼저 해 보겠다.

박스권 전략과 매매 타이밍

장기적인 관점에서 주가는 기업의 가치, 실적에 수렴한다. 하지만 특정 시기, 예컨대 1~2년 혹은 더 짧은 기간 동안 주가는 큰 폭으로 오르내리며, 증권사에서 평가하는 기업 가치(적정가·목표가)를 훨씬 상회하는 일이 비일비재하다. 또한 업종 구분, 성장주·가치주 구분에 따라 시장에서 부여받는 프리미엄의 크기가 다르다.

궁극적으로 주가의 흐름은 기업의 실적과 성장성을 기반으로 움직인다고 말하지만 개인 투자자가 기업의 주가를 결정짓는 여러 가지 요소를 정확히 판별해 내기란 쉬운 일이 아니다. 그렇기 때문에 시장은 항상 옳다는 전제를 바탕으로 특정 기업의 주가 차트가 어떻게 움직이고, 어떤 신호를 보내는지 살펴보면서 매수·매도 시기를 가늠해 보는 것도 시장의 흐름에 대응하는 하나의 방법이 될 수 있다.

주가 차트에는 개인 투자자들이 알지 못하는 여러 가지 사건이 투영되기 때문에 차트에서 나타나는 신호를 발견하고 이를 적절히 활용한다면 수익률 제고에 도움이 될 수 있다. 차트를 이용한 매매 방법에는 여러 가지가 있지만, 그중에서도 '박스권 매매 전략'은 초보 투자자들이 쉽게 이해하고 사용할 수 있는 매우 유용한 전략이다.

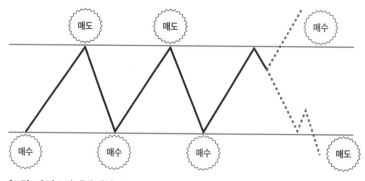

[그림1-1] 박스권 매매 개념도

박스권 매매는 차트를 이용한 매매법 중에서 가장 단순하면서도 승률이 높은 투자 전략 중 하나이다. 기본적으로 박스권 매매는 일정 기간 동안 고점을 이은 선과 저점을 이은 선을 기준으로 박스를 설정해 놓고, 박스의 하단 부근에서 매수하고 박스의 상단 부근에서 매도하는 전략이다.

박스권 매매를 할 경우 매매할 종목을 많이 선정할 필요 없이 소수의 몇 개 종목을 바스켓(관심 종목)에 담아 두고 매매하면서 상단 매도, 하단 매수라는 기계적인 매매만 반복하면 된다([그림1-1]의 아래쪽 선 매수, 위쪽 선 매도). 그런데 간혹 어떤 종목의 주가가 박스권 상단을 상향 돌파하면서 추가 상승하는 경우도 있고([그림1-1]의 위쪽 선의 오른쪽 끝 '매수' 부분), 박스권 하단에서 박스권을 하향 돌파하면서 낙폭을 키우는 경우도 있다([그림1-1]의 아래쪽 선의 오른쪽 끝 '매도' 부분). 투자자들이 눈여겨봐야 하는 것은 [그림1-1]의 오른쪽 끝의 붉은 점선과 파란 점선처럼 주가가 박스권을 벗어나는 종목이다.

실제 사례를 보면서 박스권 이탈 종목들을 왜 주목해야 하는지 이야기해 보겠다. 이를 통해 어떻게 해야 무릎에서 안전하게 매수하여 수익을 낼 수 있는지, 언제 반드시 매도해야 손실을 최소화할 수 있는지에 대한 답도 구할 수 있을 것이다.

[그림1-2]는 헬스케어 업종 대장주로 불리는 셀트리온의 2016년 1월부터 2017년 9월까지 주가 일봉 차트를 나타낸 것이다. 차트에서 볼 수 있듯이 2017년 9월, 주가가 급등하기 전 셀트리온은 약 1년 9

개월 동안 박스권 흐름을 보여 주었다. 1년 9개월 동안 2016년 4월 초에 형성된 고점 부근까지 몇 차례 상승했으나 1년 넘게 돌파를 하지 못했고, 2016년 5월 중순에 형성된 저점은 강력한 지지선으로 작용하면서 저점 부근에서 주가가 반등하는 모습을 확인할 수 있다.

그러다가 2017년 7월부터 9월까지 박스권 상단 부근에서 거래량이 증가하기 시작했으며, 9월에는 거래량이 크게 증가하면서 박스권 상단을 뚫고 급등했다. 2019년 9월 박스권 상단을 뚫고 강하게 상승하면서 신고가 행진을 이어 갈 때, 공교롭게도 각종 호재와 함께 장밋빛 미래에 대한 전망이 나왔고 이는 추가적인 주가 상승 모멘텀을 만들면서 셀트리온이 우리나라 대표 바이오 기업으로 자리 잡는 데 중요한 역할을 하게 되었다.

[그림1-3]에서 확인할 수 있는 셀트리온 사례처럼 오랜 기간 박스

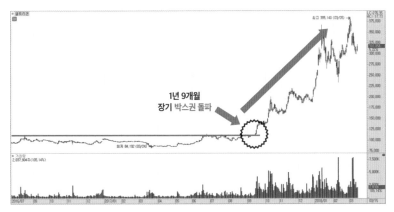

[그림1-3] 셀트리온 주가 차트. 2016년 7월~2018년 3월

권 흐름을 보여 온 종목들은 박스권 상단을 돌파하고 난 뒤 유난히 강한 상승이 나타난다. 박스권 기간이 긴 만큼 박스권 상단을 돌파하는 것이 쉽지 않은데, 셀트리온의 경우 박스권 상단을 돌파하는 데약 3개월의 시간이 소요된 것을 확인할 수 있다.

이처럼 장기간 박스권 움직임을 보인 종목들이 상단 돌파를 쉽게하지 못하는 이유는 박스권 기간이 길수록 박스권 상단 부근에 악성매물이 많이 쌓이게 되고, 그 매물을 모두 소화해야지만 추가적인 상승으로 이어질 수 있기 때문이다.

장기간 쌓인 악성 매물을 소화하며 박스권을 뚫고 올라서기 위해서는 강한 상승 에너지를 가지고 있어야만 성공적으로 상승할 수 있는 것인데, 강한 상승 에너지라는 것은 기업의 내부적인 변화와 함께기업 외적으로 시장 환경이 조화를 이룰 때 발현된다. 그렇기 때문에투자자들은 항상 관심을 가지고 시장을 관찰하면서 박스권 상단 돌

[그림1-4] 케이엠더블유 주가 차트. 2017년 11월~2019년 4월

파 종목을 살펴볼 필요가 있다. 시장에서는 셀트리온과 유사한 흐름을 보이는 종목들을 생각보다 쉽게 발견할 수 있다.

[그림1-4]는 5G통신 테마 대장주로 불리는 케이엠더블유의 주가 차트이다. 케이엠더블유 역시 2017년 말부터 약 1년 6개월 동안 장기 박스권 흐름을 보여 주었다. 케이엠더블유의 경우에는 2019년 3월 박스권 상단 돌파가 이루어졌다. 그 이후 1개월가량 상단 부근에서 횡보하면서 매물 소화가 진행되었고, 4월이 되자 거래량 증가와 함께 주가는 박스권 상단에서 점점 멀어져 갔다.

그 이후 주가는 어떻게 되었을까? [그림1-5]에서 확인할 수 있는 것처럼 그 이후 6개월 동안 주가는 5배 넘게 상승했다.

박스권 상단을 돌파하는 종목은 대체로 강한 상승을 보여 주는 경

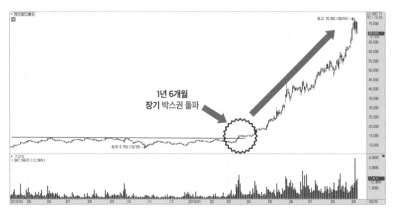

[그림1-5] 케이엠더블유 주가 차트. 2016년 4월~2019년 9월

우가 많다. 특히 박스권 흐름이 오래 지속된 종목일수록 상승세가 더욱 강하게 나타나는 모습을 보여 주고, 상대적으로 박스권 기간이 짧은 종목은 그 상승폭이 비교적 작게 나타나는 경우가 많다. 마치 오랜 기간 땅속에 가스를 머금고 있던 화산이 더욱 강력한 폭발을 일으키듯이, 주가 역시 억눌린 기간이 길수록 강한 상승세를 보여 주면서 한풀이를 하는 것이다.

앞선 사례를 통해 확인할 수 있는 사실 한 가지는 투자자들이 비교적 안전한 매수 타이밍을 잡을 수 있다는 것이다. 발바닥이 아닌 '무릎에 사서, 어깨에 판다.'는 투자 시장의 격언을 생각해 볼 때 박스권 상단을 돌파하는 시점은 무릎이 될 수 있다.

물론 누군가는 기본적인 박스권 전략을 생각하면서 박스권 상단이 머리 부근이라고 말할 수도 있겠으나, 지난 수십 년 동안 시장에서 발견되는 박스권 돌파 사례를 분석해 보면, 머리라고 여기기보다는 무릎이라고 생각하는 편이 더 낫다는 결론에 이르게 된다. 더욱이 박스권 상단을 돌파한 뒤 가격이 가파르게 상승하는 경우는 부동산 (주택) 시장, 원자재 시장, 환율 시장 등 거의 모든 자산에서 공통적으로 발견된다. 이는 박스권 전략을 잘 숙지하고 연습한다면 다양한 자산군에서 비교적 손쉽게 수익을 취할 수 있음을 의미하기도 한다.

한편으로는 박스권 전략에서도 '손절'을 해야 할 때가 있음을 명심해야 한다. 박스권 매매에서 손절은 2가지 상황에서 전개될 수 있다.

첫 번째 상황은 박스권 상단을 돌파했던 주식이 다시 박스권 안쪽으로 회귀하는 경우이다. 앞선 사례에서 셀트리온의 경우 박스권 돌파 이후 강한 상승 추세로 진입하는 데 3개월이라는 시간이 걸렸고, 케이엠더블유 역시 1개월의 시간이 소요되었다. 통상적으로 박스권을 돌파한 뒤 일정 기간 동안 주가 조정 기간을 거치는데, 이때 상승의 에너지가 충분하지 못하다면 상승에 실패하고 박스권 안쪽으로 회귀하는 경우가 발생하기도 한다. 이 경우 상승 탄력이 완전히 무너지면서 박스권 하단까지 직행하는 경우가 발생할 수도 있으므로 박스권 안으로 진입한 즉시 매도(손절매)를 하고 다시 상승하기를 기다리는 편이 현명한 판단이 될 수 있다.

또 다른 상황은 주가가 박스권 하단을 하향 돌파하는 경우이다. 기본적인 박스권 매매 전략에서는 박스권 하단에 매수를 하여 주가가 박스권 상단에 이를 때까지 보유하는 것이다. 하지만 일부 종목의 경우 박스권 하단에서 잠시 반등한 뒤 재차 하락하면서 박스권 하단을 뚫고 내려가는 경우가 있는데, 이 경우 강한 하락으로 연결될 수 있기 때문에 빠른 매도(손절매)로 손실을 최소화해야 한다.

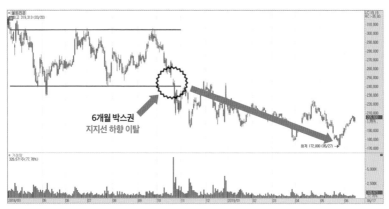

[그림1-6] 셀트리온 주가 차트. 2018년 3월~2019년 6월

[그림1-6]은 2018년 3월부터 2019년 5월까지 셀트리온의 주가 일봉 차트이다. 셀트리온은 2017년 9월부터 강한 상승세를 보여 주면서 시장의 주목을 받았지만, 2018년 2월 최고점인 38만 원을 기록한 뒤부터 하락하기 시작하기 시작했다.

하락하던 주가는 2018년 4월부터 2018년 10월까지 약 6개월 동안 박스권 흐름을 보여 주었는데, [그림1-6]에서 볼 수 있듯이 여러 차례 박스권 상단 돌파를 시도했지만 성공하지 못했고, 오히려 10월에는 대량 거래를 수반한 장대 음봉이 출현하면서 박스권을 하향 돌파하는 모습을 보여 주었다.

박스권 하향 돌파한 이후, 셀트리온의 주가는 하락 추세가 굳어졌고 주가 하락세는 2019년 8월까지 이어지면서 최저점인 13만 7,500원을 기록했다. 2018년 2월의 주가 고점인 38만 원과 비교해 봤을 때 3분의 1토막이 난 수준이라 할 수 있다. [그림1-6]의 박스권 하향 돌파 시기와 비교해 보더라도 박스권 하단 부근 가격인 26만 원의 절반 수준까지 폭락한 것이다. 만약 박스권 투자 원리를 알고 거래를 수반한 박스권 하향 돌파 상황이 발생했을 때 손절을 하고 빠져나왔다면 큰 손실을 피할 수 있었던 사례라 할 수 있다.

박스권 상단 돌파가 강한 상승세로 이어지는 경우를 자주 목격할 수 있는 것처럼, 박스권 하단을 하향 돌파한 주식이 하락 추세로 접어들면서 주가가 반 토막, 세 토막 나는 사례도 시장에서 흔히 목격된다. [그림1-7]의 하나투어 사례에서도 박스권 하향 돌파의 무서움을 확인할 수 있다.

[그림1-7] 하나투어 주가 차트. 2017년 6월~2018년 11월

[그림1-7] 하나투어의 주가 차트를 보면, 하나투어의 주가는 2017년 6월부터 서서히 상승하면서 저점과 고점을 높여 가는 상승 추세 박스권을 만들어 갔다는 것을 확인할 수 있다. 하지만 2018년 5월, 1분기 실적 발표에서 시장 예상치를 크게 하회하는 '어닝 쇼크'가 발생하면서 주가가 큰 폭으로 빠졌고, 이어 추가적인 하락이 계속되면서 박스권 하단을 이탈하는 모습을 보여 주었다. 그 이후 주가는 지속적으로 하락하면서 반 토막 수준까지 떨어졌다.

하나투어의 사례에서 주목할 만한 점은 주가가 박스권 상단을 뚫고 올라섰다가 다시 하락 전환하면서 박스권 안쪽으로 되돌아간다면 빠르게 매도하는 것이 현명한 행동이 될 수 있다는 것이다. 그리고 박스권 하단 지지선 부근에서 대량의 거래를 수반한 장대 음봉이 나온다면 일단 매도를 하는 편이 더 나은 선택이 될지도 모른다는 것을 보여 준다.

통상적으로 거래량이 수반된 장대 음봉의 출현은 하락이 지속될 것임을 암시하는데, 이 같은 흐름은 시장에서 흔히 발견되는 특징 중 하나이다. 앞서 살펴봤던 [그림1-6]의 셀트리온 사례에서도 셀트리온의 주가가 박스권 하단을 돌파할 때 대량의 거래가 수반되면서 장대 음봉이 출현하였고, 주가가 큰 폭으로 하락했다.

하나투어의 주가는 2018년 4월, 12만 8,000원 고점을 찍고 하락하기 시작했고, [그림1-7] 차트에는 나오지 않았지만, 2019년 8월에 최저점 3만 9,000원을 기록하기도 했다. 하나투어 역시 박스권 하향 이탈 이후 고점 대비 주가가 1/3 수준까지 떨어진 것이다. 박스권 하단의 지지선이 무너지는 경우가 얼마나 무서운지 보여 주는 대표적인 사례라 할 수 있다.

주가가 박스권을 뚫고 강한 상승을 보여 주거나, 반대로 박스권 하단이 무너지면서 강한 하락세를 보여 주는 데는 각각의 이유가 있다. 상승하는 경우에는 업황이 좋아질 것이라는 전망과 함께 향후 실적 상승에 대한 기대감이 반영되는 것이라 할 수 있으며, 실제로 실적이 좋게 나오는 경우가 많다. 즉 미래 전망이 밝다는 이야기가 나오면서 주가 상승이 탄력을 받고, 사람들의 관심이 집중되면서 주가는 더욱 큰 폭으로 상승하는 것이다.

실적 전망이나 업황에 대한 이야기는 신문이나 증권사 리포트 등을 통해서 충분히 확인할 수 있고, 개별 기업의 공시 자료나 보도자료 등을 통해서도 확인할 수 있다. 차트에는 이 같은 사실들이 반영된다.

반대로 주가 하락에도 이유는 있다. 업황의 부진, 대내외적인 악재로 인한 실적 하락이 원인인 경우가 많다. 실적이 나쁘지 않더라도 장기적으로 사업 전망이 좋지 않거나, 시장의 기대치에 부합하지 못하는 실적, 향후 실적 감소가 우려된다는 등의 소식이 전해지면서 주가 하락을 부추기는 경우가 많다. 따라서 주가가 박스권을 하향 돌파할 때는 개인 투자자들이 인지하지 못한 '악재'가 어딘가에 숨어 있다는 것을 의미하므로 빠른 매도를 통해 손실을 최소화하는 것이 바람직하다.

개인 투자자가 투자하는 기업에 관한 모든 정보를 알고 있을 수는 없나. 성보력 면에서 기관 투자자나 외국인 투자자에 비해 뒤처질 수밖에 없는 것이 현실이다. 그렇기 때문에 시장은 항상 옳다는 주식 시장의 격언을 명심하면서 주가 차트의 흐름에 나타나는 변화를 살펴면서 대응 전략을 세우는 것도 시장의 흐름에 대응하는 하나의 방법이 될 수 있다.

모멘텀 전략과 효용성

주식 시장에 존재하는 여러 투자 전략 중에는 '모멘텀 투자 전략'이라는 것이 있다. 모멘텀(Momentum)이란 사전적으로 (일의 진행에서의) 탄력, 힘, 가속도 정도로 해석되는 역동적인 의미를 내포한 말이다.

이 같은 맥락에서 모멘텀 투자는 '상승 추세에 있는 자산은 그 방향성을 유지하는 경향이 있다.'라는 전제를 바탕으로 상승 추세에 있는 주식을 매수하여 수익을 극대화하는 투자 전략을 말한다. 주가의 움직임이 관성을 유지할 것이라는 믿음에 기반을 둔 투자 전략이다. 모멘텀 투자 전략은 시장에서 오랫동안 사용되어 왔고 모멘텀 투자를 지향했던 유명 투자자들이 좋은 성과를 낼 수 있음을 보여 주었으며, 모멘텀 투자에 관한 많은 연구 결과물 역시 모멘텀 투자의 긍정적인 효과를 확인시켜 주었다. 이 같은 이유로 모멘텀 전략은 시장에서 가장 유용한 투자 전략 중 하나로 여겨지고 있다.

모멘텀 투자의 방법은 매우 간단해 보인다. 상승 추세에 있는 주식, 오르고 있는 주식을 사고 상대적으로 덜 오르거나 떨어지고 있는 주식을 파는 것이 모멘텀 전략의 기본 방법이기 때문이다.

이런 점에서 모멘텀 투자는 손쉽게 뛰어난 성과를 거둘 수 있는 전략으로서 투자자들이 꼭 활용해야 할 쉽고 유용한 전략이라고 생각할 수 있다. 그럼에도 불구하고 사람들은 모멘텀 투자를 잘 활용하지 못한다고 한다. 왜 그럴까?

사람들은 주식을 싸게 사서 비싸게 팔고 싶어 하기 때문에 '저평가'된 주식을 찾으려고 노력한다. 하지만 모멘텀 투자는 이미 주가가 올라 상승 추세가 확인된 종목에 투자를 한다는 측면에서 아주 저렴한 주식이라고 볼 수 없다. 대다수의 사람은 과거보다 높아진 가격에 부담을 가지게 되고, 바로 이런 점 때문에 투자자들은 모멘텀 투자를 실행하는 것을 망설이게 된다. 그래서 대부분의 투자자는 좀 더 싼 주식을 찾아간다. 이미 올라 버린 주식을 산다는 것은 결코 쉬운 일이 아니며, 큰 용기와 믿음 그리고 결단력이 필요한 일이기 때문이다. 이처럼 심리적인 요소가 투자 판단에 큰 영향을 미치기 때문에 모멘텀 투자를 쉽게 실천하지 못한다.

시장에서 발견되는 이 같은 사람들의 행동을 두고 행동경제학에서는 '앵커링 효과(Anchoring Effect)' 때문이라고 말한다. 사람들은 특정 자산의 현재 가격 수준이 어떤지를 평가할 때(가격이 '높다' 또는 '낮다'라는 평가를 내려야 할 때), 흔히 과거 특정 시점의 가격을 가치 평가 기준으로 삼는다. 즉 과거 특정 시점의 가격을 기준으로 현재 가격이 '높나' 혹은 '낮다'라는 평가를 내린다는 것이다. 그리고 일반적으로 그 평가의 기준은 최근의 저점인 경우가 많다.

예를 들어, 과거 2~3개월 동안 평균적으로 5,000원에 거래되던 어떤 주식이 최근 매수세가 몰리면서 7,000원에 거래되고 있다고 가정해 보자.

이 기업에 관심을 가지는 사람들은 어떤 행동을 보일까? 아마도 대다수의 사람은 이 기업의 성장 가치를 따져 보면서 앞으로 얼마나 더 상승할 수 있을 것인가를 바탕으로 매매 여부를 결정하는 것이 아니라, 과거에 오랫동안 머물렀던 5,000원이라는 가격을 기준으로 '현재 가격'에 대한 가치 판단을 한다. 즉 과거 평균 가격인 5,000원 대비 7,000원이라는 현재 가격은 과거 대비 40% 정도가 오른 상태이기 때문에 지금은 비싸서 매수를 할 수 없다는 식이다. 매수를 하려면 5,000~6,000원 부근에서 했어야지 지금은 너무 비싸졌기 때문에 늦었다고 말한다. 과거(5,000원) 대비 40%나 올랐기 때문에 고평가되었다는 판단을 내리는 것이다.

사람들의 이런 행동은 비단 주식 시장에서만 나타나는 것이 아니며, 부동산 시장을 비롯한 투자 시장 여러 곳에서 흔히 발견된다. 대부분의 사람은 높은 수익률을 원하지만 아이러니하게도 상승 추세가 시작되거나 추세가 지속되고 있는 주식에 용기를 내서 과감히 투자하지는 않는다. 오히려 리스크가 작은 '가격이 낮은' 상품을 선호하는 모습을 보인다. (그러다가 결국은 어떤 행동을 보여 주는가? 많은 사람이 상승을 그저 멍하니 바라보고만 있다가 고민 끝에 고점에 뛰어들지는 않는가?)

그렇다면 모멘텀 투자의 방법을 실전에 활용하기 위해서 무조건 신고가를 기록하며 상승하는 주식에 과감히 투자하면 되는 것일까?

신고가 종목을 추격 매수하는 것을 두고 무조건 옳다 그르다 논할 수는 없다. 여러 연구 결과에서 신고가 종목이 그렇지 않은 종목에 비해서 우수한 성과를 보인다는 결과를 보여 주지만, 주식 시장에서는 언제든지 개별 종목의 상황이 달라질 수 있으며, 예상치 못한 악재가 발생하여 주가가 하락할 수도 있다. 따라서 모멘텀 투자 전략을 무조건적으로 적용하기보다는 위험 요소를 줄이기 위해 가치투자의 방법론을 일부 차용하는 것이 좋다.

시장에서는 흔히 가치투자와 모멘텀 투자[2]를 서로 반대되는 투자 전략으로 인식하지만 가치투자가 기업의 미래가치와 성장성을 고려한 투자가 되어야 한다는 점을 생각한다면, 모멘텀 투자와 가치투자는 상호 보완적인 투자 전략이 될 수 있다. 그렇기 때문에 이 책에서 박스권 전략과 모멘텀 투자 전략이 혼합된 박스 모멘텀 전략을 활용하되 어떻게 하면 좀 더 안전한 종목을 골라서 수익을 낼 수 있을지에 대해서 이야기해 보는 것이다.

....

2 '모멘텀 투자'를 사전에서 찾아보면 다음과 같이 정의되어 있다. "기업의 펀더멘털과 상관없이 장세의 상승 또는 하락에 대한 기술적 분석이나 시장 분위기의 변화에 따라 추격 매매를 하는 투자 방식." 이런 이유로 기업 가치 분석을 기초로 하는 가치투자와는 완전히 다른 투자 방법으로 인식되기도 한다. 그러나 가치투자와 모멘텀 투자 모두 장단점이 있기 때문에 이들 투자 전략의 장점을 잘 결합한다면 시장에서 좋은 성과를 낼 수도 있다.

포트폴리오 구성, 어떻게 하면 좋을까?

일반적으로 '포트폴리오 다각화'라는 말은 주식, 채권, 부동산, 현금 등 다양한 자산을 아우르며 여러 자산군에 자금을 적절히 나눠서 투자한다는 의미이다. 하지만 여기에서는 주식 투자에 한해서 포트폴리오 구성에 대한 이야기를 해 보겠다.

워런 버핏은 포트폴리오와 관련해서 다음과 같은 말을 한 적이 있다.

"분산 투자는 무지로부터 보호하기 위함이다. 그러나 폭넓은 분산 투자는 투자자 자신이 뭘 하는지 모를 때만 필요하다."

분산 투자를 통해서 자산을 보호하되, 너무 많은 종목을 편입하는 우를 범하지 말라는 것이다. 가슴에 새겨야 할 말이다.

분산 투자는 우리의 소중한 자산을 위험으로부터 보호해 주는 역할을 한다. 예상치 못한 사건으로 인해서 하나의 자산이 큰 손실을 입더라도 다른 자산이 견고하게 버텨 준다면 나의 자산은 완전히 무너지지 않으며, 오히려 위기 속에서도 기회를 만들어 내는 원동력이 될 수 있다. 이 같은 맥락에서 앞서 실험 계좌 운용의 원칙(20쪽)을 이야기할 때도 가장 먼저 포트폴리오에 포함시킬 종목의 개수에 대해 언급했다.

많은 사람이 내게 묻는다.

"종목을 몇 개 가지고 가는 것이 좋은가요?"

사람들은 확실한 것을 좋아한다. 정답을 정해 주기를 바란다. 질문을 한 사람들은 내가 구체적으로 몇 개가 좋다고 말해 주기를 바라지만, 그건 내가 해 줄 수 있는 대답이 아니다. 과연 내가 확실히 개수를 정해 준다고 해서 그것이 정말 정답이 될 수 있을까?

절대 정답이 될 수 없다. 어떤 숫자가 나에게는 정답일 수 있지만 다른 사람에게는 정답이 아닐 수 있다. 그것이 시장이다.

그럼에도 불구하고 나는 "몇 개의 종목을 보유하는 것이 좋은가요?"라는 질문에 대한 답을 해 보고자 한다.

포트폴리오 구성 종목을 몇 개로 할 것인지를 생각할 때, 가장 먼저 고려해야 할 사항은 2가지이다.

첫째, 내가 감당할 수 있는 만큼 보유할 것.

둘째, 자신의 투자 자본금 크기에 따라서 개수를 정할 것.

첫 번째 고려 사항은 본인이 매수한 회사가 무엇을 하는 회사이고, 사업 아이템은 무엇인지, 그리고 현재 사업은 어떻게 진행되고 있으며, 향후 사업 전망은 어떤지, 그 회사가 속한 업종의 상황은 어떤지 등 해당 기업에 대해 파악하고 투자해야 한다는 의미이다. 만약 내가 100개의 기업에 투자한다면 100개의 기업에 대해서 속속들이 알고 있어야 한다는 것이다.

누군가가 "OO기업은 뭐 하는 회사야?", "앞으로 전망은 어때?", "핵심 사업 아이템이 뭐야?"라고 물었을 때, 한 치의 머뭇거림 없이 대답할 수 있어야 한다. 내가 투자한 회사에 대해서 내가 모른다면 누가 알아야 한단 말인가.

그런 의미에서 단순히 '좋아 보여서' 보유 종목을 무작정 늘려서도 안 되고, 지인이 '좋다'라고 말했다고 해서 무턱대고 매수해서도 안 되는 것이다. 누군가가 '좋다더라'라고 말한 기업이 있더라도 스스로 그 종목에 대해서 알아보고 나서 매수 여부를 판단해야 한다.

투자를 한다면 최소한 본인의 포트폴리오에 포함시킬 종목에 대해서는 제대로 알고 있어야 한다. 종목의 개수가 몇 개가 되든 상관없다. 그냥 '느낌이 좋아서' 담았다는 이야기, '지인이 좋다고 해서' 샀다는 말은 하지 말자. 차라리 그 돈으로 복권을 사거나 가족의 행복을 위해 맛있는 음식을 사 먹는 편이 더 나을지도 모른다.

두 번째 고려 사항은 자본금의 크기에 따라서 종목의 개수가 달라질 수 있다는 것이다. 예컨대, 자본금 500만 원으로 투자를 시작하는 사람과 10억 원을 투자 자본금으로 가진 사람들의 보유 종목의 개수가 같을 수는 없다.

나는 2,000만 원짜리 실험 계좌를 만들었고, 종목의 개수를 5~6개 수준으로 유지할 계획이라고 밝힌 바 있다. 만약 이 이야기를 보고 5~6개가 가장 적절한 종목 개수라고 생각한다면 큰 오산이다. 500만 원 투자자가 5개 종목에 분산 투자하면 종목당 100만 원씩을 배분하게 되는 것이고, 1억 투자자라면 종목당 2,000만 원, 10억 투자자라면 종목당 2억 원이 된다. 사람마다 종목당 투자 금액에서 큰 차이가 나는 것은 당연한 것이며, 만약 하락하게 되었을 때 감당해야 할 리스크의 크기에서도 큰 차이가 나게 된다.

포트폴리오 다양화를 통해 분산 투자를 하는 이유 중 하나는 리스크를 줄이기 위해서이다. 따라서 투자자금이 적을수록 종목의 개수는 적을 수 있고, 투자자금의 크기가 클수록 종목의 개수를 늘려서 리스크를 분산할 필요가 있다. 물론 그 리스크의 크기는 본인 스스로 어느 정도의 리스크를 감당할 수 있느냐에 따라서 달라질 수 있다는 점도 고려해야 한다.

예를 들어, 10억 원의 자본금을 가진 투자자 2명이 각각 5개 종목에 2억 원씩 투자했다고 가정해 보자. 어느 날 특정 종목이 악재로 인해서 10% 급락하게 되었을 때 한 종목에서 발생하게 되는 손실은 2,000만 원이다.

이때 어떤 사람은 2,000만 원의 손실을 대수롭지 않게 여길 수 있지만, 어떤 사람은 한 종목에서 하루 만에 2,000만 원 손실이 났다는 이유로 큰 스트레스를 받을 수 있다. 따라서 자신이 리스크를 얼마나 감당할 수 있느냐에 따라서 적절히 금액을 나누어 투자를 하는 것이 스트레스를 덜 받으면서 장기적으로 투자할 수 있는 현명한 방법이 될 수 있다. (물론 처음에는 스트레스를 받더라도 시간이 지나면 무뎌지는 경향이 있긴 하다.)

한편, 자본금이 적은 사람들은 종목의 개수를 많이 늘리지 않는 것이 좋다. 기본 자본금이 1,000만 원인 사람이 종목을 10개, 20개씩 가지고 있으면 종목당 50~100만 원 정도가 된다. 어느 특정 종목이 10%, 20% 급등했을 경우 해당 종목의 상승률만 보면 기분이 매우 좋을 수 있지만, 투자한 금액이 너무 적으면 전체 계좌 수익률에 미치는 영향이 작을 수밖에 없으므로 계좌 수익률 면에서는 아쉬움이 들 수 있다. 따라서 자본금이 적다면 더 나은 수익률 추구를 위해 선택과 집중을 할 수도 있고, 좀 더 적극적이고 공격적으로 매매를 할 수도 있다. 물론 이 과정에서 종목 선정은 신중해야 하며 잡주는 손대지 않는 것이 자산을 지키는 현명한 방법이다.

그러나 선택과 집중을 하더라도 '좋은 종목을 고르기'가 쉽지 않다는 것이 문제이다. 종목 개수를 정하는 일, 종목 선택을 하는 일은 힘들다. 그렇기 때문에 이 책에서 좀 더 쉬운 방법으로 좀 더 나은 선택을 하는 방법에 대해서 이야기해 보고자 하는 것이다. 이 책에서 말하는 박스 모멘텀 전략이 진리는 아니지만 종목을 고르고 투자 전략을 세우는 데 도움이 되는 하나의 방법이다.

또 한 가지 유념해야 할 점은, 자본금이 적은 사람일수록 선택과 집중이 필요하지만, 그렇다고 해서 몰빵은 하지 말아야 한다는 것이다. 모 아니면 도라는 식의 투기적인 투자 습관은 장기적으로 볼 때 투자에 전혀 도움이 되지 않는다.

포트폴리오에 포함될 종목의 개수를 선택하는 과정에는 개인의 성향과 투자 목적, 기대 수익률 등 다양한 요소가 개입된다. 기본적으로 내가 매수하고자 하는 기업에 대해서 알아야 하며, 만족할 만한 수익률과 감당할 수 있는 리스크의 크기를 가늠해서 정해야 한다.

내가 실험 계좌를 만들고 자본금으로 2,000만 원을 설정한 이유는 일반적인 직장인 투자자, 초보 투자자의 초기 자본금(빚 없는 순수 자기 자본)이 이 정도 수준이라는 통계에 기반을 두었다. 포트폴리오 종목 개수를 5~6개 정도로 제한한 것도 이 정도 수준이 일반적인 직장인 투자자, 초보 투자자의 관점에서 적절한 수준이라고 생각했기 때문이다.

이 경우 한 종목에 400만 원 투자하여 20% 수익을 내게 되면 80만 원 정도의 수익이 생긴다. 세후 300만 원 정도를 받는 일반적인 직장인이 손쉽게 투자해서 한 종목에 20% 정도의 수익을 낸다면 어느 정도 만족할 만한 수익률이 될 수 있다고 생각한다. 금액 면에서 너무 작지도 않고, 하락할 경우 리스크를 감당할 만한 수준의 금액이라고 생각한 것이다.

물론 만족의 기준은 절대적일 수 없다. 사람마다 소득 수준, 만족 수준이 다르고, 투자를 하는 과정에서 기준이 바뀔 수도 있다. 중요한 것은 꾸준히 수익을 쌓으면서 투자에 흥미를 붙이고 자산을 증식시켜 나가면서 투자를 지속할 만한 동기를 부여받는 것이다. 본인 스스로 만족할 만한 지점을 찾아야 한다.

포트폴리오 종목 구성에 대한 이야기를 한 가지만 더 하면서 포트폴리오에 대한 이야기를 마무리 짓겠다.

포트폴리오 구성을 할 때 선택된 종목의 '업종'이 겹치지 않는 것이 리스크 관리를 하는 데 더 유리하다는 점이다. 예컨대, 5종목 분산 투자를 한다고 하면서 5종목 모두 '5G 테마주'에 투자하거나 '2차 전지 관련주'에 투자하는 경우, 종목은 5개이지만 하나의 '업종', '테마'에 투자한 것이기 때문에 실제로는 '하나'의 종목에 투자한 것과 유사하다.

시장에서는 '같은 업종'에 속한 기업들의 주가는 비슷하게 움직이는 경향이 있다. 상승할 때는 같이 상승하지만 하락할 때도 함께 하락하는 경향이 있는 것이다. (5G 테마로 분류되는 케이엠더블유, 오이솔루션, RFHIC, 2차 전지 테마로 분류되는 포스코케미칼, 천보, 에코프로비엠, SKC 등의 차트를 비교해 보라.)

상승할 때는 뭐가 됐든 그저 좋지만, 특정 업종의 하락 시기에 해당 업종의 주식(종목)을 여러 개 보유하고 있으면 계좌의 수익률은 지수 하락률보다 훨씬 더 크게 떨어질 것이다.

분산 투자와 집중 투자 중 어느 것을 두고 더 옳다고 이야기할 수는 없다. 분산 투자는 리스크를 줄이기 위한 것이고 상대적 박탈감도 어느 정도 줄여 줄 수 있다. 집중 투자는 종목만 잘 고른다면 수익을 극대화시켜 줄 수 있는 방법이기도 하다. (물론 반대의 경우에는 상승장에서 소외될 수도 있다.)

뭐가 낫다는 논쟁을 하는 것은 의미가 없다. 확실한 것 한 가지는 몰빵 투자로 '대박'을 노리기보다는 꾸준히 수익을 쌓아 가는 것이 중요하다는 점이다.

직장인 투자자가 가진 강점은 기본적으로 매달 꾸준히 유입되는 현금이 있어서 심리적으로 조바심을 가질 필요가 없다는 점이다. 본업을 유지하면서 시장에서 꾸준히 수익을 쌓아 간다면 다른 직장 동료들보다 더 빨리 경제적 자유에 다다를 수 있고, 어느 순간부터는 직장 생활이 스트레스가 아닌 즐거움으로 다가올 수 있을 것이다.

종목 선택에
도움될 만한 이야기

신문에서 찾는 투자의 묘

신문 읽기는 성공적인 투자를 위해 반드시 해야 할 일이다. 바쁜 일상을 살아가는 직장인 중에는 하루 1~2시간씩 신문 읽기를 할 여유가 없다고 호소하는 사람들도 있다. 하지만 아무리 바쁘다고 해도 밥 먹고, 잠 자는 것처럼 어떻게든 시간을 내서 신문을 읽어야 한다.

대중교통을 이용해서 출퇴근하는 직장인이라면 대중교통에 몸을 싣고 있는 그 시간에 신문을 보도록 한다. 점심 식사 후 잠시 짬을 내서 경제신문을 읽는 습관을 들여야 하며, 포털 사이트에서 실시간으로 바뀌는 '이슈'를 클릭하기 전에 '경제신문'을 먼저 클릭하는 습관을 들여야 한다. 신문 읽기만 잘해도 좋은 투자처를 찾을 수 있다.

요즘은 스마트폰, 태블릿PC와 같은 모바일기기나 PC를 통해서 신문을 편하게 읽을 수 있다. 신문사 앱을 통해서 신문 유료 정기 구독을 하면 규칙적으로 신문 읽기 습관을 들일 수 있어서 좋지만, 굳이 유료 정기 구독을 하지 않더라도 포털 사이트 네이버의 뉴스 서비스인 '뉴스 스탠드'를 이용하거나 '언론사 구독' 설정을 통해서 특정 언론사에서 발행하는 신문을 무료로 볼 수 있기 때문에 스스로 편리한 방법을 선택해서 신문 읽기를 하도록 하자.

주식 투자는 거시 경제의 흐름 속에서 산업의 동향을 파악하고 개별 기업에 투자하는 것이기 때문에 신문 읽기를 통해서 투자할 만한 좋은 기업을 포착하는 기회를 얻을 수 있다. 매일 꾸준히 신문 읽기를 하다 보면 신문을 읽는 속도가 빨라질 뿐만 아니라 시장을 보는 눈이 생기고 좋은 기업을 발견할 수도 있다.

신문에서 어떻게 투자의 기회를 포착할 수 있을까?

주식 투자자가 신문 읽기를 하는 이유는 신문 읽기를 통해 경제의 흐름을 파악하는 것과 더불어 향후 전망이 좋은 산업·업종을 파악하고 해당 분야에서 두각을 나타내는 좋은 기업을 찾아 투자하여 수익률을 높이기 위해서이다. 신문에서는 특정 업종, 산업 분야의 업황에 대한 정보를 얻을 수 있고, 해당 분야에서 두각을 나타내고 있는 기업에 대한 이야기도 등장한다. 또한 시장의 흐름에 대한 전문가들의 이야기도 신문에 실린다. 이런 점에 착안하여 신문에 나오는 이야기들을 눈여겨보면서 신문에 지면에 자주 노출되는 기업을 주목할 필요가 있다.

신문은 여러 가지 섹션으로 구성되어 있다. 주식 투자를 하는 사람들은 흔히 '주식·증권 섹션'에 눈길이 가기 마련인데 오히려 그런 곳에서 '추천한다', '올랐다', '전망이 좋다', '추천 종목'이라는 수식어가 붙은 종목들은 경계하면서 멀리하는 편이 낫다.

긍정적 전망과 더불어 추천 코멘트가 붙은 종목들은 신문 효과로 인해 단기간 반짝 상승하는 경우가 있지만 추천 종목 중에는 이미 주가가 많이 상승한 경우가 대부분이고, 섣불리 추격 매수를 하다가 고점에서 물량을 떠안고 하락을 경험해야 하는 경우가 왕왕 발생하기 때문이다.

'주식·증권 섹션'의 이야기에서 주로 참고할 만한 정보는 우리나라 증시의 큰손인 외국인 투자자, 그리고 기관 투자자와 연기금이 어떤 포지션을 취하고 있는지를 파악하고, 실적이 개선되고 있는 업종, 앞으로 증시 전망에 대한 전문가들의 견해를 참고하는 정도로 이용하면 된다.

시장에서 확인하는 신문 효과

몇 가지 사례를 살펴보자.

지난 2019년 10월 4일 경제신문을 보면 국민연금 포트폴리오 조절에 대한 이야기가 나온다(▶뉴스 검색 : 국민연금 포트폴리오 물갈이). 국민연금 포트폴리오에 관한 이야기는 주기적으로 등장하는 뉴스인데 국민연금이 우리나라 주식 시장의 큰손인 만큼 어떤 포지션을 취하고 있는지를 눈여겨볼 필요가 있다. 이 뉴스의 주요 내용은 국민연금이 5G통신 관련주의 비중은 줄이고 현대모비스, 삼성전기 등 대형주 비중을 늘렸다는 것이다.

국민연금이 비교적 장기적인 포지션을 취하는 매매 주체라는 점을 생각해 볼 때, 비중을 높인 업종·종목에 대해서는 장기적으로 주가 상승을 기대한다는 것이고(롱포지션), 비중을 줄인 업종·종목에 대해서는 주가 상승에 따른 차익 실현을 하고 있다는 것을 의미한다(숏포지션). 국민연금은 시장의 큰손으로서 정보력에서 개인보다 우위에 있고, 주식 운용 본부의 인력 또한 고급 인력이라는 점에서 개인 투자자들은 국민연금의 움직임을 투자 참고 자료로 활용할 필요가 있다.

이 뉴스와 관련하여 [그림1-8] 차트를 살펴보자. 차트는 5G통신 인프라 관련 대장주인 케이엠더블유의 2019년 4월부터 2020년 9월까지 일봉 차트이다. 차트에서 볼 수 있듯이 2019년 4월부터 가파르

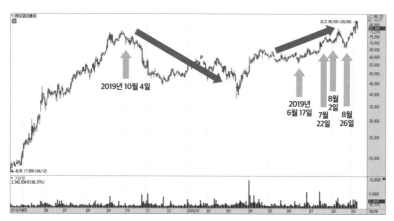

[그림1-8] 케이엠더블유 차트. 2019년 4월~2020년 9월

게 상승하던 케이엠더블유의 주가는 10월 4일 신문 기사가 나온 이후 본격적인 하락세로 접어들었으며 시간이 지날수록 낙폭이 더욱 커졌음을 알 수 있다.

이 같은 현상은 국내 5G 관련 기업들(5G 테마주)에서 공통적으로 나타난 현상이다. 만약 신문 읽기를 꾸준히 하면서 10월 4일의 국민연금 포트폴리오 변경 관련 뉴스를 눈여겨보았다면 시장의 큰 흐름이 어떻게 흘러가는지를 파악하고 충분히 대응할 수 있었을 것이다. 이처럼 신문 읽기를 꾸준히 하면서 시장의 흐름을 파악하고 고점에서 매수하는 일이 없도록 주의해야 한다.

한편, 신문에서는 주가 하락을 암시하는 뉴스만 나오는 것은 아니다. 오히려 '상승'을 암시하는 뉴스가 더 많다. 대부분의 투자자는 이 부분을 더욱 중요하게 여길 수도 있다. 상승을 암시하는 뉴스들은 신규 매수 판단에 도움이 되는 것은 물론이고, 나아가 내가 가진 종목을 팔고(손절) 다른 종목으로 갈아타야 할지, 아니면 좀 더 기다리면서 수익을 극대화해야 할지를 판단하는 데 도움이 되기 때문이다.

앞서 살펴보았듯이 '5G통신' 업종이 2019년 10월부터 하락하기 시작했지만, 2020년 하반기부터 본격적인 매출 성장이 기대된다는 뉴스가 등장한 시기가 바로 2020년 6~8월이다. 필자가 정기 구독하고 있는 신문에서는 시간차를 두고 '5G통신' 관련 뉴스가 지속적으로 노출되었다. 다른 언론사들 역시 동일한 시기에 비슷한 이야기를 담은 뉴스 기사를 노출시켰다는 점을 생각해 보면 투자자들은 얼마든지 5G 업종의 업황 변화를 감지할 수 있었을 것이다.

뉴스 날짜	제목	내용
6월 17일	트럼프, 1조 달러 인프라 투자 추진	5G 무선통신 인프라와 광대역 통신 설치 작업이 포함된 인프라 투자 진행
7월 22일	살 만한 주식이 없네, 운용사가 '찜'한 종목 발담가 볼까	정책적 수혜를 받을 수 있는 5G 이동통신 인프라, 친환경차, 바이오에 관심
8월 2일	상승 물꼬 튼 5G 장비주, 한 번 더 갈 것	5G 투자가 시작되면 관련 장비주 실적이 한 번 더 반등할 것
8월 7일	5G 장비주 꿈틀, 통신업계 망 투자 지속	국내 통신사 코로나19 사태에도 불구하고 망투자 지속
8월 10일	성장주 더 오르기엔 부담, 미 중 소비 관련주 유망	미국과 중국의 인프라 투자로 5G통신 관련주가 수혜를 입을 것
8월 26일	케이엠더블유, 하반기 실적 회복기대 투자의견 '매수'	하반기 실적 회복 기대에 따라 목표주가 상승 및 투자 의견 매수
9월 7일	삼성전자, 버라이즌과 8조 규모 5G 장비 계약	삼성전자는 버라이즌에 5G 장비를 포함한 네트워크 솔루션을 5년간 공급

[표1-1] 2020년 6월 이후, 신문에 등장한 5G통신 관련 주요 뉴스 기사

포털 사이트에서 [표1-1]의 뉴스 제목을 검색해서 해당 기사를 찾아 읽어 보면 알 수 있겠지만, 2020년 8월 26일 증권사 리포트를 인용한 뉴스 기사를 제외한 나머지 뉴스들은 특정 종목을 추천한다거나 매수를 부추기는 내용이 아니라 해당 업종의 향후 전망이 긍정적일 것이라는 소식을 전해 주는 내용이다.

신문에서 이처럼 업종 전망에 대한 뉴스가 반복적으로 나올 때 해당 업종에 대해 관심을 가지고 지켜볼 필요가 있다. 주식 시장이 미래를 반영하는 곳이라는 점을 감안하면 긍정적 전망이 예상되는 분야에 관한 뉴스가 반복적으로 등장하는 것은 투자 판단을 하는 데 매우 중요한 포인트가 될 수 있다.

앞선 사례처럼 신문을 오랜 기간 읽다 보면 특정 기업이나 산업, 업종에 대한 이야기가 반복해서 등장하는 것을 볼 수 있다. 특히 이러한 정보가 증권 섹션과 같은 특정 섹션에 국한하지 않고 경제·산업·사회 등 신문의 여러 면에 걸쳐서 등장하기 때문에 신문을 한 장씩 넘기면서 어떤 기업들이 언급되고, 어떤 일들이 벌어지는지 살펴볼 필요가 있다. 특히 장기간에 걸쳐 반복적으로 노출되는 기업이나 업종, 업황에 대한 이야기를 눈여겨봐야 한다.

특정 기업이 꾸준히 신문에 노출된 사례로 '카카오'를 들 수 있다. 카카오와 카카오의 자회사는 오래전부터 신문 지면에 꾸준히 노출되었지만 사람들은 카카오에 큰 관심을 두지 않았다. 그러는 사이 카카오의 주가는 어떻게 되었을까? 다음 사례를 살펴보면 신문 읽기의 중요성을 다시 한 번 확인할 수 있다.

2019년 7월 4일 한 경제신문(▶뉴스 검색 : 앱 베끼는 시중은행)에는 시중은행(신한은행·국민은행·우리은행 등)과 카카오뱅크 사이의 갈등 이야기가 나온다. 이 뉴스의 주요 내용은 시중은행들이 카카오뱅크의 앱 UI뿐만 아니라 카카오뱅크가 내놓은 상품까지 카피해서 내놓고 있고, 이 때문에 카카오뱅크와 시중은행들 사이에 갈등이 불거지고 있다는 것이다.

시중은행들이 카카오뱅크의 서비스를 베끼는 이유는 무엇일까? 그것은 바로 카카오뱅크가 잘나가기 때문이다. 잘나가는 카카오뱅크를 견제하기 위해 시중은행들이 앱을 베끼고 상품까지 카피하는 것이다.

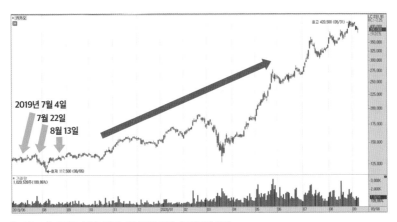

[그림1-9] 카카오 주가 차트. 2019년 6월~2020년 9월

투자자라면 이 대목에서 잘나가는 '카카오뱅크'에 주목할 필요가 있었다. 카카오뱅크는 비상장 기업이며, 1대 주주는 카카오이다. 따라서 카카오뱅크가 잘나가면 카카오의 주가 흐름(궁극적으로는 카카오의 연결 실적)에 긍정적인 영향을 미칠 수 있다고 생각할 수 있다.

2019년 7월 22일 신문(▶뉴스 검색 : 카카오뱅크 천만 가입자 기념)에는 카카오뱅크 1,000만 가입자 기념 정기 예금이 1초 만에 완판되었다는 기사가 나왔다. 주요 내용은 카카오뱅크가 계좌 수 1,000만 돌파를 기념해 내놓은 연 5% 금리 특별판매 정기 예금이 1초 만에 완판되었다는 것이다. 여기에서 알 수 있는 내용은 카카오뱅크의 규모가 1,000만 명 수준이 되었다는 것이고 카카오뱅크가 내놓은 상품들이 큰 인기를 끌면서 팔려 나가고, 수익성을 높이고 있다는 것이다. 실제로 카카오뱅크는 출범 2년 만에 흑자 전환하는 등 빠른 성장세를 보였다.

2019년 8월 13일 신문(▶뉴스 검색 : 금융 앱 사용자 수)에는 금융 앱 중 사용자 수 1위가 토스, 2위가 카카오뱅크라는 기사가 실렸다. 주요 내용은 카카오뱅크의 사용자 수가 전년 대비 71% 증가하며 사용자 수 2위를 기록하면서 시중은행인 NH농협은행, KB국민은행 등 기존 사업자들을 제쳤다는 것이다.

이후에도 카카오뱅크의 빠른 성장을 가늠해 볼 수 있는 뉴스는 지속적으로 신문 지면에 노출되었고, 카카오뱅크뿐만 아니라 카카오의 카카오페이, 웹툰 등도 큰 인기를 끌고 있다는 소식을 신문을 통해 확인할 수 있다.

그렇다면 이처럼 유명한 기업의 소식만 신문에 실리는 것일까? 절대 그렇지 않다. 신문에서는 우리가 잘 알지 못하던 다양한 기업의 소식을 전해 주기 때문에 해당 기업의 소식이 반복적으로 노출된다면 관심을 가지고 지켜보는 것이 좋다. 우리 눈에 익지 않은 기업(주로 B2B 기업)은 생소하기 때문에 쉽게 잊힐 수도 있지만, 신문에 반복적으로 노출된다는 점이 중요하다. B2B 기업은 아니지만 기업의 성장, 매출 증가 등과 관련된 뉴스를 무심코 지나치지 말자는 의미에서 마지막으로 하나의 사례를 확인해 보고 스스로 실전 감각을 익히기 바란다.

[그림1-10]은 한샘의 주가 일봉 차트이다. 한샘의 경우 코로나19 사태에 따른 재택근무 활성화, 외출 자제 등에 따라 사람들이 집에

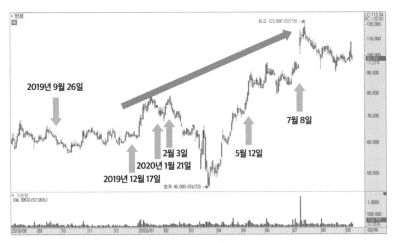

[그림1-10] 한샘 주가 차트. 2019년 8월~2020년 9월

머무는 시간이 늘어났고, 그에 따라 사람들이 가구 구매, 인테리어에 관심을 가지면서 매출이 늘어났다는 이야기가 나왔다. 시장 분석가들이나 언론의 한샘 실적 증가에 대한 설명 포인트는 코로나19와 집콕으로 인한 실적 증가였다.

그러나 신문을 꾸준히 봐 온 사람이라면 좀 다르게 생각할 수 있다. 코로나19 사태가 한샘의 실적 증가에 기여했다는 점은 부정할 수 없지만, 코로나19 사태가 직접적인 원인은 아니라는 것이다. 한샘의 실적 증가는 코로나19 이전부터 예상할 수 있었다. 한샘은 2019년 가을부터 간헐적으로 신문 지면에 노출된 기업 중 하나로서 오랜 동안의 침체를 끝내고 시장의 트렌드 변화에 대응하면서 매출이 서서히 증가하고 있었다. 즉 코로나19 사태가 아니더라도 매출이 꾸준히 증가하면서 어닝서프라이즈를 기록했을 가능성이 높았던 기업이라는 것이다.

한샘과 관련한 한 경제신문의 뉴스를 확인해 보면 다음과 같은 것들을 확인할 수 있다.

2019년 9월 26일 신문(▶뉴스 검색 : 현대리바트, 욕실 사업 진출. 41조 인테리어 시장 '조준')에는 가구 업계에서 한샘의 경쟁 회사인 현대리바트에 대한 뉴스가 등장했다. 이 뉴스를 살펴보면 5조 원 규모의 시장이 형성된 욕실 리모델링 시장에서 한샘, 대림, 아이에스동서 등 기존 브랜드의 매출이 높아지고 있다는 이야기가 나온다. 또한 한샘은 가구 기업에서 종합 인테리어 기업으로의 변모를 꾀하면서 '리하우스 패키지' 프로그램을 판매하기 시작했다는 내용이 나온다. 현대리바트보다 한샘이 한 발 앞서 있다는 내용이므로 한샘에 관심을 가져 볼 만한 뉴스이다.

2019년 12월 17일 신문(▶뉴스 검색 : 한샘, 맞춤형 수납 가구 '빌트인 플러스'로 공간 혁신)에는 한샘이 시장에서 긍정적인 평가를 받으며 매출이 상승하고 있다는 이야기가 나온다. 신문 내용에 따르면 한샘은 사람들이 가장 추천하는 기업 부엌 가구 부문 13년 연속 1위, 가정용 가구 부문 5년 연속 1위를 기록했으며, 맞춤형 수납 가구 상품인 '빌트인 플러스'의 판매 호조로 인한 매출 상승과 더불어 해당 상품에 대한 고객 만족도가 높다는 이야기가 나온다.

2019년 12월 19일 신문(▶뉴스 검색 : 한샘, 내년 인테리어 전문가 2,500명 양성)에는 한샘이 리모델링 시장에서의 입지를 다지기 위해 1,500명을 추가 채용할 계획이 있으며, 이를 통해 리하우스 전문가(RD)

2,500명을 양성할 것이라고 했다. 특히 RD의 경우 판매 실적에 따라 인센티브를 지급받는데, RD 중에는 연봉 1억 원을 넘긴 고소득자들도 배출되고 있다는 내용이 있다. 이를 통해 인테리어 상품의 판매가 잘 되고 있고 한샘의 실적(매출)도 긍정적일 것임을 예상할 수 있다.

2020년 1월 21일 신문(▶뉴스 검색 : 한샘, 토털 인테리어 기업으로 변신해 국내 매출 10조 간다)에는 한샘의 인테리어 상품인 리하우스 패키지가 월 1,000세트씩 판매되고 있다는 내용이 나온다. 리하우스 패키지는 기존 한샘의 주력 제품인 부엌 세트(300~500만 원)보다 단가가 10배 이상 비싼, 평당 130~150만 원짜리 제품으로서 한샘의 매출 성장에 높은 기여를 하는 제품이라는 점을 주목할 필요가 있다. 특히 한샘은 보급형 제품과 고급형 제품으로 상품을 다양화할 계획을 가지고 있으며 이를 바탕으로 한샘이 한 단계 도약할 수 있는 계기를 마련할 것이라는 이야기도 나오고 있다. 또한 한샘이 중국 기업의 투자를 받으며 중국 진출의 발판을 마련하는 등 한샘의 성장이 지속될 것임을 암시하는 내용이 많이 나온다.

2020년 2월 3일 신문(▶뉴스 검색 : 한샘, 현대리바트 3.5조 온라인 시장서 돌파구)에는 온라인 가구 시장의 성장세가 계속되는 가운데 한샘은 온·오프라인을 연계하여 매출 성장을 이끌 계획을 가지고 있다는 내용이 나온다. 특히 이와 관련하여 한샘은 국토부로부터 택배 사업자 지위를 획득하는 등 오랫동안 치밀한 준비를 해 왔음을 알 수 있다.

2020년 5월 12일 신문(▶뉴스 검색 : 건설 불황에도 '깜짝 실적' 가구株의 재발견)에는 한샘을 비롯한 가구주의 실적이 시장의 예상치를 뛰어넘었다는 내용이 나온다. 코로나19로 인해 사람들의 집 꾸미기 욕구가 폭발했고, 소파·침대·주방기구 등의 교체 수요가 늘어나면서 실적이 증가했으며, 이러한 경향이 당분간 지속될 것이라는 소식을 전하고 있다. 하지만 한편으로는 5월에 발표된 1분기 실적은 2020년 1~3월 실적이라는 점에서, 코로나19로 인한 집콕 수요보다는 앞선 2019년 12월과 2020년 1월 뉴스에서 언급되던 실적·매출 증가에 대한 내용이 실적으로 가시화된 것이라고 보는 편이 타당해 보인다.

2020년 7월 8일 신문(▶뉴스 검색 : 한샘 집콕 효과에 2분기 깜짝 실적)에는 한샘의 실적이 2분기에도 어닝서프라이즈를 기록했다는 내용이 나온다. 한샘의 실적이 지속적으로 성장하고 있음을 보여 주고, [그림1-10]에서 확인할 수 있는 것처럼 주가도 큰 폭으로 상승하였다.

몇 가지 사례를 통해서 신문에서 긍정적 소식이 반복적으로 노출되는 기업들의 주가가 결국 상승한다는 것을 알 수 있다. 특히 긍정적 전망이 현실로 나타나면 주가가 큰 폭으로 상승한다는 점은 눈여겨볼 필요가 있는 대목이다. 한편으로는 긍정적인 전망이 예상되는 기업이 신문에 노출된다고 해서 노출되는 시점부터 주가가 상승하는 것이 아니라는 점도 기억해야 한다.

그렇기 때문에 신문을 읽는 투자자라면 신문에서 긍정적인 신호가 나오는 기업들을 관심 종목에 넣어 두고 지속적으로 해당 기업을 관찰하는 노력이 필요하다. 신문에 나온다고 해서 바로 주가가 상승하는 것은 아니기 때문에 때로는 지루한 시간을 견뎌야 할 수도 있다

는 것이다. 따라서 박스 모멘텀 전략을 적절히 활용한다면 기다림의
시간을 줄이면서 적절한 매매 타이밍을 잡고 수익을 올릴 확률을 높
일 수 있다.

증권사 리포트를 봐야 하는 이유

증권사 리포트는 증권사 리서치 센터의 고급 인력들이 자신의 담
당 분야·기업에 대해 조사·분석한 내용을 담고 있다는 점에서 주식
투자자가 반드시 참고해야 할 자료이다. 하지만 우리나라에는 40개
가 넘는 증권사가 있고, 이들 증권사 리서치 센터에서 하루 동안 발
간되는 리포트 수가 100개가 넘는다는 점에서 보통의 직장인 투자자
가 모든 증권사의 리포트를 일일이 챙겨 본다는 것은 사실상 불가능
하다.

그렇기 때문에 증권사 리포트를 선별적으로 볼 필요가 있고, 어떤
정보를 취하고 어떻게 활용해야 할지에 대한 전략이 필요하다. 특히
하루에 100개 이상 쏟아지는 개별 기업 리포트를 보면서 모든 종목
에 투자할 수는 없으며, 심지어 긍정적 전망의 제시와 함께 상향 리
포트가 발행된 이후 오히려 주가가 떨어지는 경우도 있다는 점에서
증권사 리포트를 맹목적으로 신뢰할 것이 아니라 전략적으로 이용할
줄 알아야 한다.

증권사에서 발행하는 리포트는 대체로 개별 기업 분석 리포트, 산

업·업종 분석 리포트, 시장 분석 리포트 3가지로 나뉜다. 증권사에 따라서는 환율·채권에 관한 리포트를 전문적으로 발행하는 곳도 있지만, 넓은 의미에서 본다면 환율과 채권 역시 시장의 흐름을 반영한다는 점에서 시장 분석 리포트의 범주에 넣을 수 있다. 따라서 쉽게 이해할 수 있도록 리포트의 종류를 3가지로 구분하자.

이 3가지 종류의 리포트 중에서도 가장 많은 리포트가 쏟아지는 분야는 단연 개별 기업 분석 리포트이다. 개별 기업 분석 리포트의 내용에 따라 해당 기업의 주가 움직임이 영향을 받기도 한다. 직접적으로 주가의 움직임에 영향을 준다는 점에서 기업 분석 리포트가 가장 중요하다고 생각할 수도 있지만 실상은 그렇지 않다.

투자자가 좀 더 중요하게 여겨야 하며, 꼼꼼하게 봐야 할 리포트는 산업·업종 분석 리포트이다. 이와 더불어 시장 전체의 흐름을 분석한 시장 분석 리포트도 봐야 한다. 항상 큰 그림, 즉 시장의 큰 흐름을 보고 개별 기업에 투자를 해야 한다는 기본적인 투자의 원리를 생각해야 하기 때문이다.

산업·업종 분석 리포트는 말 그대로 어떤 특정한 분야, 업종의 업황 분석에 관한 리포트로서 해당 산업의 현재 상황을 짚어 주고 앞으로의 전망을 제시한다는 점에서 거시 경제의 흐름을 파악할 수 있도록 해 주는 훌륭한 자료이다. 한편으로는 특정 산업의 업황뿐만 아니라 비대면경제, 수소경제, 그린뉴딜과 같은 특정한 이슈와 관련된 산업의 전체적인 동향과 관련 기업들의 현재 상황에 대해서도 언급해 준다는 점에서 좋은 투자의 지침서가 될 수도 있다.

예컨대, 나무를 심으러 간다고 생각해 보자. 이때 어떤 종류의 나무, 어떤 과일이 열릴 나무를 심을 것인지 묘목을 고르는 일은 중요한 일이다. 훗날 내가 어떤 보상을 받을 것인지를 결정하는 것이기 때문이다.

하지만 맛있는 과일이 열리고 건강한 묘목을 골랐다고 해도 그 나무가 자라는 땅이 좋지 않고, 기후가 나쁘다면 나무는 열매를 맺지도 못하고 죽어 버릴 가능성이 있다. 아무리 좋은 묘목을 골랐다고 해도 사막, 자갈밭, 갯벌에서 나무가 자랄 수는 없다.

또한 비가 내리지 않는 지역, 비가 많이 내리는 지역 등 지역의 기후 특성에 맞게 나무를 심어야 한다. 심지어 평소에 비가 적절히 내리고 비옥하기로 소문난 지역에 나무를 심으러 갔을 경우라 하더라도, 인접한 산에서 산불이 나고 있다면 어떨까? 계획대로 나무를 심어야 할까? 이처럼 우리는 '좋은 나무'를 심기 전에 주변 환경이 어떤지, 어떻게 변화하고 있는지를 면밀히 따져 보고 움직여야 한다.

주식 투자도 마찬가지이다. 좋은 기업을 고르는 것도 중요하지만 거시 경제, 업황이 어떤지를 살펴가면서 투자를 할지 말지 판단해야 한다. 물론 모든 종목이 시장의 큰 흐름에 동행하는 것은 아니지만 시장에 존재하는 종목의 3/4 이상이 시장의 전체적인 흐름에 영향을 받으며, 시장이 전체적으로 약세를 보일 때 오르는 종목들은 혼자만 오르는 것이 아니라 해당 기업이 속한 업종의 상황이 긍정적이기 때문에 해당 업종에 속한 종목들이 함께 오르는 경우가 많다.

결국 주식 투자는 상승과 하락 둘 중 하나를 예상하고 베팅하는 것이라는 점에서 큰 흐름을 보면서 진입 시기를 판단하는 것이 승률을 높일 수 있는 방법이다. 이런 점에서 기업 리포트보다는 산업·업종 분석 리포트가 좀 더 중요하다고 할 수 있으며, 시간이 부족한 직장인 투자자라면 산업·업종 분석 리포트를 1순위로 읽어 봐야 한다.

개별 기업의 리포트를 하나하나 모두 훑어보는 것은 많은 노력과 시간을 필요로 하기 때문에 본인이 투자하고 있거나 투자하고자 하는 종목의 리포트를 선별적으로 찾아보는 것이 좋으며, 평소에 관심 있었던 기업의 리포트가 나온다면 면밀히 살펴보면서 투자 여부를 판단하는 데 참고 자료로 삼을 수 있다.

시장의 전체적인 흐름, 즉 유동성과 수급, 금리, 환율 등을 다룬 리포트들도 함께 보면 시장의 방향에 대한 이해가 더욱 명확해질 수 있으며, 시장에서 포지션을 어떻게 가져갈 것인지 결정하는 데 참고 자료가 될 수 있다.

리포트 편하게 보는 방법

증권사 리포트는 투자자들이 투자에 참고할 수 있도록 무료로 공개되고 있다. 하지만 접근성에서는 증권사마다 조금씩 차이가 난다. 미래에셋대우증권, 한국투자증권, NH투자증권, KB증권을 비롯한 몇몇 대형 증권사는 해당 증권사 계좌를 가진 고객이 홈페이지나

[그림1-11] 한경컨센서스 첫 화면. 오른쪽에 리포트 종류별로 볼 수 있도록 메뉴가 배치되어 있다.

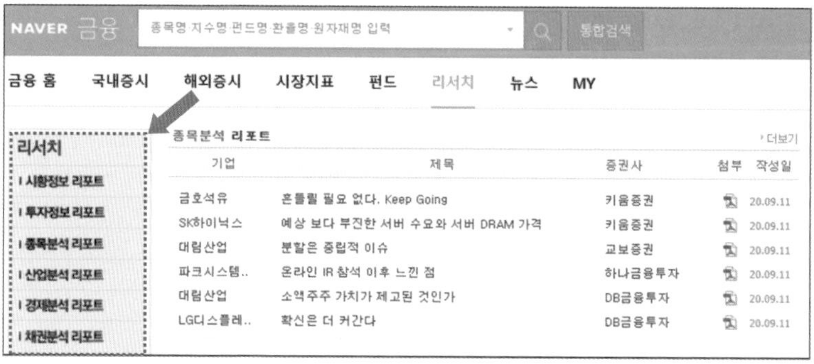

[그림1-12] 네이버 금융의 '리서치' 페이지 화면. 좌측에 리포트 종류별로 메뉴가 마련되어 있다.

HTS, MTS에 로그인을 해야만 리포트를 볼 수 있도록 되어 있다. 별도로 돈을 내야 하는 것은 아니지만 해당 증권사 계좌를 가진 고객들만 볼 수 있다는 점에서 정보 접근성 측면에 약간의 제약이 있다.

그렇지만 리포트를 공개하는 증권사도 있기 때문에 이들 증권사의 리포트를 적극적으로 활용하는 것이 시간 절약에 도움이 된다.

증권사 리포트를 쉽고 편리하게 보려면 어떻게 하면 될까?

리포트는 기본적으로 증권사 홈페이지의 '리서치 자료'에서 볼 수 있다. 그러나 각각의 증권사 홈페이지를 방문하는 것이 다소 번거로울 수 있다. 이 같은 번거로움을 해소해 주는 곳이 한경컨센서스(www.consensus.hankyung.com)와 네이버 금융 리서치(finance.naver.com/research)이다. 이곳에는 증권사에서 공개적으로 배포하는 리포트의 다수가 탑재되기 때문에 리포트를 한곳에서 모아 볼 수 있는데, 리포트가 하루에 100개 이상 매일 등록되기 때문에 여기에 탑재되는 리포트만 확인해도 많은 도움이 된다. 모든 증권사의 리포트가 탑재되는 것은 아니지만 이곳에 탑재되는 리포트만 제대로 읽어도 큰 흐름을 파악할 수 있어 투자하는 데 큰 도움이 되며, 수익률 제고에도 도움을 받을 수 있다. 그렇기 때문에 많은 시간을 할애할 수 없는 투자자라면 시간 절약 차원에서 한경컨센서스와 네이버 금융 리서치를 활용하면 좋다.

리포트 활용법 : 시장에서 확인하는 리포트 효과

어떤 특정 종목에 대해 긍정적인 전망(매수 의견, 목표가 상향 등)의 리포트가 발간되었다고 해서 해당 종목의 주식을 무턱대고 매수해서는 안 된다. 긍정적 전망의 리포트가 나온 종목의 주가가 오르고 떨어지고의 문제가 아니라 어떤 종목을 매수하기 전에 해당 종목과 업황에 대한 이해가 선행되어야 하기 때문이다.

따라서 증권사 리포트를 볼 때는 개별 종목의 리포트보다 특정 산업이나 테마에 관해 다룬 리포트를 먼저 보고 개별 종목에 투자하는 것이 더 좋다. 하루에 수백 개씩 쏟아지는 종목 리포트 중에서 하나를 찍어서 매수할 특정 종목을 고르는 것이 아니라, 시장의 큰 흐름을 먼저 파악하고 그 안에서 종목을 고르는 일이 더 쉽고 안전하게 수익을 올리는 방법이 될 수 있기 때문이다.

그럼 이제, 리포트를 어떻게 활용하면 좋을지에 대해서 이야기해 보겠다.

몇 가지 사례를 살펴보자.

작성일 ⌄	제목 ⌄	작성자 ⌄	제공출처 ⌄	차트	첨부파일
2020-05-13	Start with IBKS	투자전략팀	IBK투자증권		
2020-05-13	식스센스 Sik's Sense	김인식	IBK투자증권		

[그림1-13] 한경컨센서스의 2020년 5월 13일 시장분석 리포트 (출처 : 한경컨센서스)

[그림1-13]은 한경컨센서스에서 시장분석 리포트를 읽기 위해 시장을 클릭한 것이다. 지난 2020년 5월 13일, 시장분석 리포트 중에는 IBK투자증권의 김인식 연구원이 발행한 「식스센스 Sik's Sense」라는 제목의 리포트가 등록되었다. (아마도 '식스센스'라는 제목은 김인'식' 연구원의 센스 있는 시장 분석이라는 의미인 듯하다.) 이 리포트는 '한국판 뉴딜, 전 산업을 누빌 디지털'이라는 제목으로 정부에서 발표한 '한국판 뉴딜'

과 관련하여 세부적으로 디지털 분야에서 어떤 변화가 일어날 것인지에 대해 다루고 있다.

한국판 뉴딜, 전 산업을 누빌 디지털

한국판 뉴딜 정책에 힘입어 정보보호 및 디지털 교육 산업이 성장할 것으로 전망한다. 코로나19로 경기 부양을 위한 유동성 확대 기대가 높아졌고, 슈퍼 여당이 형성됨에 따라 정부 정책 시행에 탄력을 받을 것으로 예상된다. 전 산업의 디지털화가 진행되는 가운데 정보보안과 디지털 인력에 대한 수요가 확대될 것이며, 디지털 뉴딜이 해당 산업 성장에 박차를 가할 것으로 예상한다. 성장성, 주가 수준 등을 고려했을 때 정보보호산업의 윈스, 민앤지, 디지털 교육 관련주인 씨엔에스에듀를 추천한다.

[그림1-14] 「식스센스 : 한국판 뉴딜, 전 산업을 누빌 디지털」 첫 부분 요약 (출처 : IBK투자증권)

대다수의 산업·시장 분석 리포트는 [그림1-14]에서 볼 수 있는 것처럼 첫 부분에 리포트 전체 내용을 간단히 요약한 내용이 실려 있으며, 본문에는 구체적으로 산업의 동향을 다루고 앞으로 어떻게 해당 산업이 흘러갈 것인지에 대해서 제시하고 있다는 점에서 시장의 흐름을 읽는 데 큰 도움이 된다.

앞서 이야기한 「한국판 뉴딜, 전 산업을 누빌 디지털」 리포트 내용을 좀 더 살펴보면, 다음과 같은 내용을 확인할 수 있다.

'한국판 뉴딜'이 디지털에 방점을 두고 있어 정보 보호, 디지털 교육 등 산업이 성장할 것으로 전망된다. (중략) 국가 중심의 디지털화가 진행됨에 따라 데이터, 핀테크 등 다양한 산업 분야의 성장이 예상되는 가운데 (중략) 디지털 인재와 정보 관리에 대한 수요는 전 산업에서 나타나며 성장이 가파를 것으로 기대하기 때문이다.

한국판 뉴딜과 관련하여 정보 보호(보안), 디지털 교육(온라인 교육) 그리고 데이터(빅데이터)와 핀테크 분야가 성장할 것이라는 내용이다. 이 리포트에서는 '정보 보호(보안)' 분야를 좀 더 비중 있게 다루고 있다. 최선호주로 윈스, 민앤지, 씨엠에스에듀를 언급하면서 실적 분석에 관한 자료를 실어 놓았다. 물론 최선호주로 언급되었다고 해서 이들 주식을 꼭 매수해야 하는 것은 아니다. 리포트에 언급된 종목들은 관심 있게 지켜 볼 만하다는 의미 정도로 받아들이면서 추후에 좀 더 면밀한 조사를 통해서 매수 여부를 판단해야 한다.

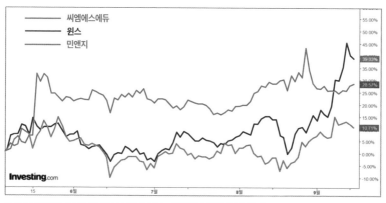

[그림1-15] 리포트에 언급된 민앤지, 윈스, 씨엠에스에듀 주가 추이. 2020.5.13.~2020.9.15.
(출처 : www.investing.com)

주목해야 할 부분은 리포트에서 언급한 대로 앞으로 네트워크, 개인정보 보안 분야가 국가 정책에 힘입어 가파른 성장을 이어 갈 가능성이 있다는 점이다. 한편으로는 온라인 비대면 서비스의 활성화로 인해 온라인 교육 시장이 지속적으로 커질 것이라는 점도 눈여겨보면서 앞으로 정보 보안, 디지털 교육 분야가 어떻게 성장해 갈지를 생각해 볼 수 있다.

다른 사례로 산업(기계 업종)에 관한 리포트를 살펴보자.

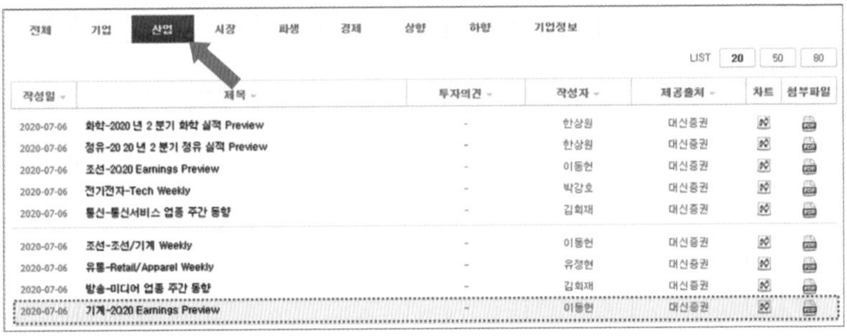
전체 기업 산업 시장 파생 경제 상향 하향 기업정보

LIST 20 50 80

작성일	제목	투자의견	작성자	제공출처	차트	첨부파일
2020-07-06	화학-2020 년 2 분기 화학 실적 Preview	-	한상원	대신증권		
2020-07-06	정유-20 20 년 2 분기 정유 실적 Preview	-	한상원	대신증권		
2020-07-06	조선-2Q20 Earnings Preview	-	이동헌	대신증권		
2020-07-06	전기전자-Tech Weekly	-	박강호	대신증권		
2020-07-06	통신-통신서비스 업종 주간 동향	-	김회재	대신증권		
2020-07-06	조선-조선/기계 Weekly	-	이동헌	대신증권		
2020-07-06	유통-Retail/Apparel Weekly	-	유정현	대신증권		
2020-07-06	방송-미디어 업종 주간 동향	-	김회재	대신증권		
2020-07-06	기계-2Q20 Earnings Preview	-	이동헌	대신증권		

[그림1-16] 한경컨센서스의 2020년 7월 6일 산업분석 리포트

[그림1-16]에서 확인할 수 있듯이 7월 6일 대신증권에서는 2020년 2분기 업종별 주요 기업들에 대한 실적 추정과 더불어 향후 전망에 대해 소개하는 리포트를 발행했다. 그중 대신증권 이동헌 연구원이 발행한 「기계-2Q20 Earnings Preview」를 살펴보면, 주요 기업들의 실적 전망치, 기계 업종과 관련된 국내외 산업 동향, 그리고 리포트에서 언급하고 있는 기업들에 대한 3장짜리 리포트가 첨부되어 있다. 다른 리포트들과 마찬가지로 Top Pick 종목[★LS ELECTRIC(101120)]을 언급하고 있는 것을 확인할 수 있다.

「기계- 2Q20 Earnings Preview」 리포트의 내용을 살펴보면 첫 장의 요약 부분에서 다음과 같은 내용을 확인할 수 있다.

전력기계 : 낮은 기저에 따른 턴어라운드, 국내 물량은 영향 없음. 해외 수주 및
매출 차질
- (★)LS ELECTRIC : 코로나 영향 아직 없음. 국내외 정상 매출
- 현대일렉트릭 : 수주잔고의 매출 인식으로 2분기 영향 없음. 이익 개선
- 효성중공업 : 국내 건설경기 악화되나 해외 증가. 구조조정 반영으로 턴어라
  운드

요약 부분 내용을 통해 국내 기계 업종에 포함된 주요 기업의 상황
을 확인할 수 있다. 특히 관심 있는 기업들은 리포트 아래쪽에 첨부
된 개별 기업에 관한 보고서를 참고하면 좋은데, 여기에서도 주목해
야 할 점이 몇 가지 눈에 띈다.

LS ELECTRIC(010120)의 경우 종목 보고서의 제목이 '기대치 부합
예상, 가치주에서 성장주로'라는 점을 주목할 필요가 있다. 보고서의
내용을 살펴보면 LS ELECTRIC을 '성장주'로 인식해야 할 이유에 대
해서 언급하고 있는데 주요 내용을 발췌해 보면 다음과 같다.

가치주에서 성장주로
- 융합사업부는 대규모 ESS, 태양광을 통해 성장이 가능할 것
- 그린뉴딜, 자동화, 전력효율화, ESS, 전기차, HVDC 등 산업 트렌드에 맞는 포트
  폴리오 보유. 가치주에서 성장주로 전환 국면

정부가 전면에 나서 추진하고 있는 그린뉴딜과 관련한 분야 중 신

재생 에너지와 ESS 관련 분야에서 두각을 나타낼 수 있음을 언급하고 있다는 점을 주목할 필요가 있는 것이다.

「기계-2Q20 Earnings Preview」 리포트에서 또 하나 주목해야 할 점은 효성중공업(298040)에 관한 보고서이다. 해당 보고서의 제목은 '턴어라운드 시작'이라고 되어 있는데, 이는 향후 실적이 증가하면서 성장할 여력이 많다는 것을 의미한다. 기업의 주가가 우상향하는 근본적인 힘이 '실적'이라는 점을 생각해 볼 때, '턴어라운드'라는 단어는 절대 놓쳐서는 안 될 중요한 말이다. 실적이 바닥을 찍고 상승하는 것이 가시화되고 있다는 것은 주가가 이미 바닥을 찍고 상승할 준비가 되었거나, 이미 추세적으로 주가가 상승 추세로 돌아섰음을 의미하기 때문이다. 그렇다면 '효성중공업'에 관한 보고서의 제목을 왜 '턴어라운드 시작'이라고 했을까? 그 내용을 살펴보면 그 이유를 알 수 있다. 다음은 일부 내용을 발췌한 것이다.

> **수소도 올랐지만 실적도 돌아선다.**
> 수소 모멘텀으로 6월 들어서만 주가는 +59.7% 상승. 수소충전소 로드맵상 **현재 발주된 88개 중 22개를 수주. 25% 점유율로 시장 1위 사업자.** 2000년 초중반부터 시작해 관련 경험이 풍부. 2022년까지 약 300개의 수소충전소 발주 전망. 사이트당 20~35억 원. 점유율 유지 가정 시 연간 1,000억 원 매출 반영 (강조-필자)

최근 전 세계적으로 수소차, 수소연료전지에 대한 관심이 높아지고 수소충전소를 건설하는 사례가 증가함에 따라 효성중공업의 실적 증가가 예상된다는 것이 주요 내용이다. 즉 시장의 크기가 점점 커지고 있기 때문에 향후 성장을 예상할 수 있다는 것이다. 특히 효성중공업의 경우 수소충전소 시장 점유율 1위 기업이라는 점을 눈여겨봐야 한다. 특정 분야에서 1위를 차지하고 있다는 것은 향후 시장의 파이가 커질 때 가장 많은 부를 차지할 수 있다는 의미이기 때문이다.

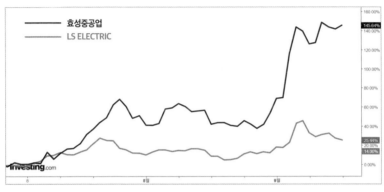

[그림1-17] 효성중공업과 LS ELECTRIC의 주가 추이. 2020.7.6.~9.15.

앞서 소개한 2가지 사례 외에도 산업·업종 분석 리포트에는 투자자가 참고할 만한 좋은 정보가 많이 있다. [그림1-18]과 [그림1-19]에서 보는 것과 같이 '한국판 뉴딜'에 관한 리포트(하이투자증권), '반도체산업 전망'에 관한 리포트(키움증권)와 같이 다양한 리포트가 발행되며 이를 살펴보면 투자에 많은 도움이 된다. 산업·업종 분석 리포트는 해당 분야의 향후 전망을 살피면서 큰 맥락을 바라보고 투자를 하는 데 도움이 된다는 것이 핵심 포인트이다.

또한 특정 이슈나 국가적 정책과 관련하여 시장의 흐름을 읽어 낼 수도 있고 관련 기업(수혜 기업)에 대해서도 알 수 있다는 장점이 있다. 마지막으로 언급한 하이투자증권과 키움증권 리포트의 내용은 직접 한경컨센서스에서 해당 리포트를 검색하여 확인해 보도록 하자.

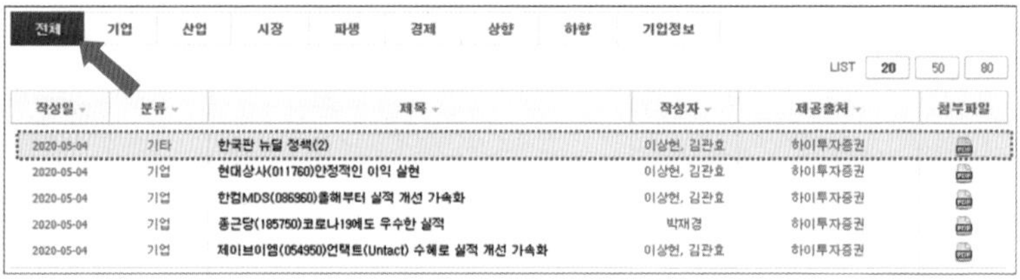

작성일	분류	제목	작성자	제공출처	첨부파일
2020-05-04	기타	한국판 뉴딜 정책(2)	이상헌, 김관효	하이투자증권	
2020-05-04	기업	현대상사(011760)안정적인 이익 실현	이상헌, 김관효	하이투자증권	
2020-05-04	기업	한컴MDS(086960)올해부터 실적 개선 가속화	이상헌, 김관효	하이투자증권	
2020-05-04	기업	종근당(185750)코로나19에도 우수한 실적	박재경	하이투자증권	
2020-05-04	기업	제이브이엠(054950)언택트(Untact) 수혜로 실적 개선 가속화	이상헌, 김관효	하이투자증권	

[그림1-18] 한경컨센서스 2020년 5월 4일 하이투자증권의 '한국판 뉴딜'에 관한 리포트

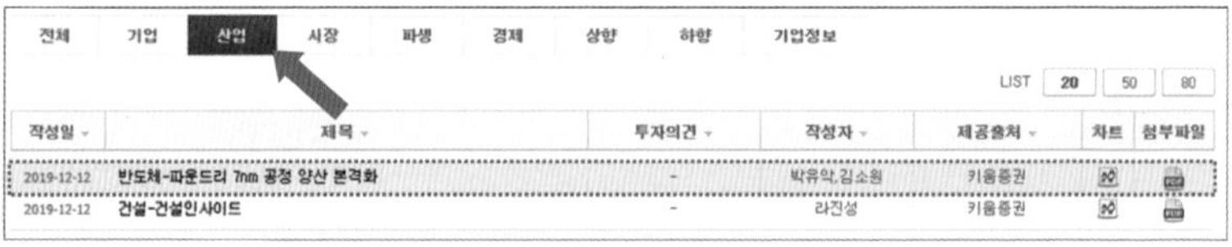

작성일	제목	투자의견	작성자	제공출처	차트	첨부파일
2019-12-12	반도체-파운드리 7nm 공정 양산 본격화	-	박유악,김소원	키움증권		
2019-12-12	건설-건설인사이드	-	라진성	키움증권		

[그림1-19] 한경컨센서스 2019년 12월 12일 키움증권 반도체 산업에 관한 리포트

신문에도 증권사 리포트가 있다

증권사 리포트가 앞서 살펴본 한경컨센서스나 네이버 금융 리서치, 증권사 홈페이지에만 있는 것은 아니다. 경제신문을 읽다 보면 증권사 리포트를 인용해서 쓴 기사를 종종 발견할 수 있다. 신문에

실리는 증권사 리포트는 대체로 시장 분석 리포트를 인용하여 쓰는 경우가 많으며, 증시의 흐름을 보여 주는 좋은 사례라고 할 수 있기 때문에 신문 읽기를 할 때 리포트 인용 기사를 놓치지 않아야 한다.

특히 증권사 리포트가 신문에 인용되어 뉴스로 퍼져 나가면 해당 리포트가 재조명받으면서 리포트에서 언급된 종목들의 주가가 급등하는 사례도 빈번하게 발생한다. 아무래도 리포트보다는 신문이 대중에게 노출되는 빈도가 높고 정보에 대한 접근성이 좋다 보니 사람들의 관심도 더 높아지는 것이다.

한편, 리포트의 내용이 신문 기사화되어 정보가 확대 재생산되는 과정에 흥미로운 점이 하나 있다. 그것은 바로 최초 리포트 발행 시점과 신문에 의한 대중 노출 시점 사이에 짧게는 하루, 길게는 1주일가량 시차가 있다는 점이다. 리포트가 신문에 소개되면서 대중의 관심을 받게 되고, 이로 인해 해당 분야(종목)에 유동성이 증가하면서 주가가 상승하는 경우가 많은데, 평소에 리포트를 꼼꼼히 읽으면서 투자에 활용하는 사람이라면 '좋은 종목'을 미리 선점해 두었다가 상승의 기쁨을 누릴 수도 있다. 특히 이런 상승은 하루 이틀의 반짝 상승이 아니라 추세적으로 상승 탄력을 받는 경우가 많다.

신문에 리포트가 실린 대표적인 사례 하나를 꼽자면 삼성증권에서 발행한 「BBIG 7 다음은 SPECIAL 7(2020.7.21.)」이라는 리포트를 바탕으로 신문 기사가 작성된 사례를 꼽을 수 있다. (▶ 뉴스 검색 : BBIG 7 다음은 SPECIAL 7)

해당 리포트에서는 코로나19 사태 이후, 언택트 문화가 지속되면서 BBIG 7³의 주가가 크게 오른 뒤 조정을 받고 있는 상황에서 투자자들이 어떤 전략을 펼치면 좋을지에 대해 이야기했다. 그러면서 순환매 장세가 펼쳐지는 상황에서 관심을 가져 볼 만한 종목으로 'SPECIAL 7' 종목, 즉 (S)삼성전자, (P)olicy의 SK이노베이션, (E)lectronics의 LG전자, (C)hange의 금호석유, (I)PO의 SK케미칼, (A)uto의 현대모비스, (L)iving의 한샘 종목을 제시했다. 여러 신문사에서 해당 리포트의 내용을 기사화하면서 정보는 확대 재생산되었고 대중에게 리포트의 내용이 알려지게 되었다.

물론 여기에서 중요한 것은, 단순히 삼성증권에서 순환매 장세에 주목해야 할 7개 종목을 언급했다고 해서 해당되는 7개 종목을 매수해야 한다는 점이 아니라는 것이다. 투자자들이 해야 할 일은 7개 기업의 주식을 매수하는 것이 아니라, SPECIAL 7 기업이 무슨 사업을 하고, 포함된 업종이 무엇이고, 왜 주목할 만한 종목으로 언급되었는지를 생각하는 것이다. 한 발 떨어져서 증권사에서 이야기하는 시장의 흐름을 짚어 본다면, 시장의 흐름에 따라 유동적으로 대응하면서 좀 더 나은 투자를 할 수 있다. 항상 보이는 사실 너머에 있는 시장의 흐름을 볼 수 있도록 해야 한다.

---

3 바이오(Bio), 배터리(Battery), 인터넷(Internet), 게임(Game)의 앞글자를 딴 BBIG 업종에 포함된 7개 대형주(삼성바이오로직스, 셀트리온, LG화학, 삼성SDI, NAVER, 카카오, 엔씨소프트)를 일컫는 말.

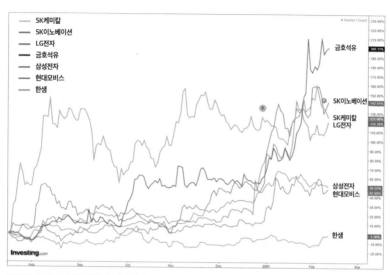

[그림1-20] 삼성증권에서 제시한 'SPECIAL 7' 리포트 발행(2020.7.21.) 후, 7개 종목의 2021년 2월 초까지 주가 추이

모멘텀 투자 대가들의 이야기 : 투자 원칙

추세 추종 전략이라 불리는 모멘텀 투자에는 세부적으로 여러 가지 방법이 있다. 여러 투자 방법이 존재하는 만큼 성공적인 결과를 만들어 낸 투자의 대가들이 사용한 방법도 다양하다. 그렇지만 한편으로는 성공한 투자자들, 소위 투자의 대가라 불리는 이들로부터 몇 가지 공통적인 특징을 발견할 수 있다.

그들의 사례로부터 확인할 수 있는 공통적인 특징이 무엇일까? 그것은 바로 자신만의 투자 전략, 투자 철학을 가지고 있었다는 것이고, 이를 바탕으로 시장에서 원칙을 지키며 부를 쌓아 나갔다는 점이다. 결국 그들이 성공할 수 있었던 가장 근본적인 이유는 투자 철학과 투자 전략을 갖추고 원칙을 지켰기 때문이다. 그렇다면 세부적으로 모멘텀 투자의 대가들이 어떤 방식으로 시장에 대응했고, 그들이 말하는 투자 원칙이 무엇이었는지를 살펴보자.

투자의 대가들이 어떤 전략과 원칙을 가지고 있었는지를 살펴보면서 '나만의 투자 전략', '나의 투자 철학'에 대해 고민해 볼 필요가 있다. 나의 중심을 어디에 둘 것인지를 정하는 것은 투자를 하는 데 있어 무엇보다 중요한 일이다. 투자자로서 시장과 마주할 때 가장 먼저 해야 할 일은 투자 철학과 투자 방법을 정립하는 것이고, 투자를 하면서 원칙을 지키는 투자를 하기 위해 노력해야 한다.

모멘텀 투자의 선구자라 할 수 있는 데이비드 리카르도(David Ricardo)[4]는 "투자 손실은 일찍 끊고, 투자 수익이 발생하면 계속 달려가게 놓아두라."고 했다. 즉 손절을 최대한 빨리 하고, 수익이 날 때는 매도 시기를 최대한 늦추면서 수익을 극대화시키라는 의미이다.

전설적인 투자자 중 한 사람으로 불리는 제시 리버모어(Jesse Livermore)[5]는 "큰돈은 개별 종목의 움직임이 아닌 시장 전체의 움직

---

4 데이비드 리카르도(David Ricardo, 1772~1823). 영국의 정치 경제학자이자 투자자로서 1700년 후반~1800년 초반에 주식과 채권에 투자하면서 막대한 부를 축적했다.

5 제시 리버모어(Jesse Livermore, 1877~1940). 미국의 투자자로서 추세 매매의 아버지라고도 불린다. 월가 역사상 가장 위대한 개인 투자자로 칭송받고 있다.

임을 통해 벌 수 있다. 시장 전체의 흐름과 트렌드를 봐야 한다."라고 말한 바 있다. 시장의 흐름을 면밀히 관찰하고 상승 추세 혹은 하락 추세에 올라타라는 것이다. 실제로 제시 리버모어는 시장이 하락 추세로 접어들었을 때 공매도로 큰돈을 벌었으며, 자신의 원칙을 지키지 못한 것이 투자 실패를 하게 된 원인이라고 말하기도 했다.

'박스 이론6'을 개발한 니콜라스 다바스(Nicholas Darvas)는 "주식 가격이 박스를 뚫고 나와 신고점을 경신했을 때 매수했으며, 박스가 다시 뚫리기 전에 손절매를 실행했다."라고 말한 바 있다. 신고가를 경신한 주식을 매수한 이후, 주가가 하락 반전하면서 박스권 안으로 재진입하려 할 때 빠른 손절매를 진행했고, 그렇지 않고 상승한다면 계속 보유해야 한다는 말로 이해할 수 있다.

20세기의 두 번째로 중요한 자산운용가(Money Manager)7로 불리는 잭 드레이퍼스(Jack Deryfus)는 '52주 신고가를 기록하는 주식을 주로

---

6 주가의 파동은 일정한 가격폭에 따라 반복적으로 움직이는 습성이 있고 그 폭은 하나의 상자 모형을 형성한다는 이론. 니콜라스 다바스(Nicolas Darvas, 1920~1977)가 개발한 투자 이론으로 박스(Box)의 하단에서 주식을 사들이고 상단에서 주식을 팔면 수익을 남길 수 있고, 주가가 박스의 하단을 하향 돌파하면 주식을 팔아서 위험을 회피할 수 있다는 이론이다.

7 잭 드레이퍼스가 20세기 두 번째로 중요한 자산운용가라면 '첫 번째'는 누구인가라는 궁금증이 생길 수도 있다. 먼저 '자산운용가(Money Manager)'와 자금운용담당자(펀드매니저, Fund Manager)'는 구분된다는 점을 먼저 알아 둘 필요가 있다. 20세기 최고의 '펀드매니저'로는 조지 소로스, 피터 린치 등이 꼽히는데, 이들의 이름 앞에는 항상 '20세기 최고의 펀드매니저 중 한 명'이라는 수식어가 붙는다. 그렇다면 '최고의 자산운용가'는 누구일까? 구체적으로 규정된 바는 없지만 뱅가드 그룹 창립자 존 보글(John Bogle, 1929~2019)은 '20세기 최고의 자산운용가' 중 한 명이 확실하다. 그는 인덱스 펀드(Index Fund)를 만들었으며, 월가의 성인(聖人)으로 불리기도 한다. 워런 버핏은 그를 두고 '미국 투자자들의 영웅'이라고 이야기한 바 있다. 존 보글은 개인 투자자들이 시장에서 돈을 벌 수 있는 길을 열어 준 장본인이라는 평가를 받고 있다.

매수'함으로써 자신이 운용하던 '드레이퍼스 펀드'의 수익률을 시장 대비 2배 가까운 수치까지 끌어올린 바 있다. 그가 펀드를 운용하던 1953년부터 1964년까지 다우 지수는 346% 상승했지만 그의 펀드 수익률은 604%였다.

1980년대 월가에서 가장 유명한 투자자 중 한 명으로 불렸던 리처드 드리하우스(Richard Driehaus)는 잭 슈웨거(Jack Schwager)[8]와의 인터뷰에서 "비싸게 사서 더 비싸게 팔아 돈을 벌 수 있다."고 이야기한 바 있다. 상승폭이 크고 다른 주식 대비 상대적으로 강세를 보이는 주식을 사서 수익을 낸다는 것이다.

상대 모멘텀과 절대 모멘텀을 결합한 듀얼 모멘텀 전략으로 월가 최고의 투자 전략가로 불리는 게리 안토나치(Gary Antonacci) 역시 "시장의 추세에 주목하면서 달리는 말에 올라타되 손실은 자르고 이익은 최대한 오래 유지하라."라고 조언한 바 있다.

앞서 살펴본 이들의 이야기를 다음과 같이 정리해 볼 수 있다.

첫째, 시장의 흐름, 트렌드를 파악하며 투자한다.

둘째, 상승 추세에 있거나 신고가를 기록하는 주식을 사되 차익 실현은 최대한 늦춘다.

셋째, 손절매는 빠르게 실행하여 손실을 최소화한다.

....

8 『시장의 새로운 마법사들The New Market Wizards』(2015)의 저자.

200년 전부터 현재에 이르기까지 핵심 내용은 변하지 않았다. 투자의 대가라고 불리던 이들이 사용한 전략은 여전히 유용한 전략으로 인정받고 있으며, 그들의 이야기는 현재를 살아가면서 미래를 준비하는 우리들에게 유용한 지침서가 될 수 있다. 우리는 시장의 흐름, 트렌드를 파악하면서 상승 추세에 접어든 주식에 투자하는 모멘텀 전략을 활용할 필요가 있다.

한편으로는 가치투자의 방법론을 차용하여 '좋은 기업'을 찾아낼 수 있도록 해야 한다. 직장인 투자자는 전문 투자자에 비해 물리적인 제약이 많다. 그렇기 때문에 가치투자와 모멘텀 투자의 핵심적인 내용을 추려 내고 시장에 적용하는 효율적인 방법을 생각해 볼 필요가 있다.

이 같은 맥락에서 2부와 3부에서는 독자들이 시장에서 어떻게 행동하고 투자하면 좋을지에 대해서 생각해 볼 수 있도록 했다. 내가 어떤 기준으로, 어떻게 종목을 선택했는가에 대한 이야기와 함께 시장에 대응하는 방법에 대한 이야기를 전하고자 한다. 그리고 최종적으로 실행하지 않은 것들은 '만약 그렇게 했다면'이라는 가정을 해 보면서 전략의 활용 범위를 넓혀서 생각해 보면 더 좋을 것이다.

"이 세상의 모든 것은 단순하게 설명되어야 한다."

· 알베르트 아인슈타인 ·

2부

주식 매매를 하다

나는 앞서 박스 모멘텀 전략을 사용하여 매매를 한다고 밝힌 바 있다. 그러면서 박스 모멘텀 전략에 대한 이해도를 높이기 위해 박스권 전략과 모멘텀 투자에 대해서 소개했다. 박스권 전략과 모멘텀 투자에 대해 제대로 이해했다면 박스 모멘텀 전략의 활용과 실전 매매에 대한 이야기는 매우 쉽게 이해될 것이고 누구라도 따라 할 수 있을 것이다.

박스 모멘텀 전략은 기본적으로 박스권 상단을 돌파했거나, 돌파 직전에 있는 종목을 투자 대상으로 삼는다. 박스권 상단을 돌파하는 일은 결코 쉬운 일이 아니기 때문에 박스권을 돌파하는 종목은 상승 모멘텀이 살아 있는 종목, 상승 추세가 본격적으로 시작되는 종목일 가능성이 높다는 것이다. 따라서 박스권 상단을 돌파하는 종목의 매수는 머리가 아닌 무릎이나 허리에서 매수하는 것이다.

한편, 박스 모멘텀 전략은 단순히 박스권 상단 돌파 종목만 대상으로 삼는 것이 아니라, 가치투자의 방법론적인 측면도 일부 활용한다. 세부적으로는 전년 대비 주당 순이익 증감률(YoY, Year of Year)과 부채비율을 종목 선택 기준의 일부로 활용한다.

그렇다면 어떻게 순이익 증감률과 부채비율과 같은 수치를 산출하고 실전 투자에 활용할 수 있을까? 초보 투자자 입장에서는 이 같은 일이 매우 어려운 것처럼 보일지도 모른다. 그렇지만 그 실상을 알고 나면 매우 쉽고 간편하다는 것을 알 수 있다.

앞서 이야기한 조건에 부합하는 종목을 찾기 위해 HTS(Home Trading System)의 '조건 검색(키움증권 영웅문4 기준 메뉴 번호 : 0150)' 기능을 이용하면 된다. '조건 검색' 기능은 원하는 조건을 입력하면 조건에 부합하는 종목을 자동으로 찾아주는 기능이다.

나는 박스 모멘텀 전략에 활용할 조건식을 지정하였고, 조건에 부합하는 종목 리스트 중에서 몇 개를 선택하여 투자를 진행했다. 조건 수식은 한 번만 설정하고 저장해 두면 언제든지 해당 조건에 부합하는 종목을 찾아낼 수 있다. 특히 HTS에서 '조건 검색 수식'을 저장해 두면, 스마트폰의 MTS에서도 언제든지 조건에 부합하는 종목을 검색할 수 있다는 점에서 매우 편리하고 유용한 기능이다. ('조건 검색' 기능을 이용하는 방법은 「부록」을 참고하도록 하자.)

내가 이용한 구체적인 조건은 다음과 같다.

종목 발굴을 위한 기준	
신고가	주가가 52주 신고가이거나 신고가에서 -5% 이내에 있는 종목
주당 순이익	EPS 증가율이 전년 동기 대비 10% 이상 상승한 종목. EPS 분기 YoY +10% 이상
부채비율	200% 이하
잡주 제외	불성실 공시, 관리종목 등 잡주 제외
그 외	ETF, 스팩, 선박 투자 등 제외

[표2-1] 투자 종목 선정을 위한 검색 기준

주가가 신고가라는 것은 박스권 상단을 뚫었다는 의미가 되기 때문에 52주 신고가를 기본 조건으로 삼았다. 하지만 신고가를 뚫고 난 뒤 차익 실현 매물이 나오면서 잠시 하락하는 경우도 있고, 장중 신고가를 기록하고 종가는 하락 마감하는 경우가 있기 때문에 주가 범위를 신고가에서부터 -5% 이내로 설정하였다.

그리고 분기 EPS(주당 순이익)가 전년 대비 10% 이상 성장한 기업을 기준 조건으로 삼았다. 이는 검색 결과로 나온 기업이 지속적으로 상승할 만한 명분을 가졌는가를 판단하기 위해서이다. 주가가 상승하는 데는 여러 가지 이유가 있지만 가장 보편적이고 확실한 이유는 '실적 상승'이다. 매출이 상승할 수도 있고, 영업이익이 상승할 수도 있지만, 근본적으로는 '실제 수익'이 얼마나 증가했는가를 파악하는 것이 중요하다고 생각하기 때문에 EPS 증가율을 그 기준으로 삼았다. 전년 동기 대비 EPS 증가율이 10%라는 것은 해당 기업이 비교적 빠르게 성장하고 있다는 증거가 될 수 있다. 즉 상승 추세를 이어 갈 가능성이 높다는 것을 의미한다. (본인이 점 찍어 둔 기업의 EPS가 분기 20% 이상 꾸준히 성장하고 있는가? 그렇다면 그 기업은 매우 빠른 속도로 성장하고 있다는 뜻이다.)

부채비율을 200%로 잡은 것은 재무 건전성을 확보하기 위한 조치이다. 통상적으로 부채비율이 100% 이하인 기업이 '안전한' 기업으로 분류되지만, 급격한 성장을 구가하는 기업들은 부족한 돈을 외부로부터 차입하는 경우가 많기 때문에 200%로 설정하였다. 부채비율이 200%가 넘어가는 기업 중에서도 급격한 주가 상승을 보여 주는 기업이 많지만, 과도한 부채는 결국 기업에 독이 될 수 있기 때문에 200%를 상한선으로 잡았다.

그 외에 비교적 건전한 기업에만 투자하기 위해 불성실 공시, 관리종목 등은 제외시켰고, 일반적인 상장 기업에 투자하기 위해 ETF, 스팩 등도 제외했다.

앞서 이야기한 조건식을 설정해 두면, 클릭 한 번으로 조건에 부합하는 종목이 검색된다. 나는 검색 결과로 나온 종목 리스트에서 매수할 종목을 선택했다. 물론 포트폴리오 종목의 개수를 5~6개로 제한하겠다는 계획을 세웠기에 최대한 그 기준에 맞추려고 했다.

지금부터 최종적으로 선택한 종목과 선택의 이유에 대해서 이야기하고자 한다. 매도를 한 종목은 그 이유에 대해서 이야기할 것이다.

미리 말하지만 너무 많은 기대는 하지 않는 것이 좋다. 빨리 부자가 되는 방법, 최고의 수익을 낼 수 있는 숨겨진 비결을 기대하고 있을지도 모르지만, 언제나 최선의 결과를 만날 수 있는 것은 아니다.

책을 읽다 보면 알게 되겠지만 내가 선택한 종목이 검색 결과로 나온 종목 중에서 최고의 수익률을 보여 준 것은 아니다. 다시 말해, 최종적으로 내가 선택하지 않은 종목 중에서 더 높은 수익률, 단기간에 놀라울 정도로 높은 상승을 보여 준 것들이 존재한다. 그리고 마지막까지 고민했지만 선택받지 못한 종목들, 즉 최후의 선택에서 제외된 것들이 가파른 상승세를 보여 주면서 상대적 박탈감을 느끼게 한 것들도 있다. (시장에서는 항상 선택 때문에 고민하지만, 선택이 항상 최상의 결과를 안겨 주는 것은 아니다.)

한편으로는 포트폴리오 종목의 개수를 제한한 것 역시 최선의 선택이 아닐 수도 있다는 것을 확인했다.(물론 이것은 종목을 잘 고르지 못했을 때의 이야기이다.) 좋아 보이는 종목이 많이 있지만, 투자 자금이 제한적이다 보니 포트폴리오에 좀 더 많은 종목을 편입하지 못한 데서 오는 아쉬움도 컸다. 선택과 집중이 더 좋은 성과를 보여 줄 수도 있음을 확인하기도 했으며, 업종·종목 선택의 중요성을 다시 한 번 확인하는 계기가 되기도 했다. 이처럼 투자 과정에서 있었던 여러 가지 상황에 대한 이야기도 뒤에서 다룰 것이다. 이야기를 듣고 나면 분명 투자에 많은 도움이 될 것이다.

주린이
주식
과외하기

포트폴리오에 관한
이야기 1

무엇을 샀고, 왜 샀을까?

　매수할 종목 선택은 '조건 검색'의 결과로 나온 종목 중에서 이루어 졌다. [표2-2](90쪽)는 2020년 4월 30일 기준, 조건 검색의 결과로 추출된 종목 리스트이다. 잘 알고 있는 기업도 있을 것이고 그렇지 않은 기업도 있을 것이다. 종목 리스트와 함께 이들 기업의 1개월, 3개월, 6개월 수익률도 함께 비교해 보았다.

종목명	기간 수익률			6개월 이내 최고 수익률	6개월 이내 증권사 리포트
	1개월	3개월	6개월		
서흥	21.49%	32.13%	10.86%	35.07%	○
노바렉스	21.78%	51.14%	38.26%	69.51%	○
키다리스튜디오	-12.33%	30.01%	27.04%	58.99%	○
디알젬	32.49%	47.65%	18.05%	68.23%	○
윈스	8.09%	6.15%	1.62%	45.95%	○
이크레더블	14.48%	18.50%	28.95%	38.87%	○
파이오링크	13.04%	37.39%	27.19%	52.63%	○
KG모빌리언스	10.15%	44.19%	11.75%	84.25%	○
고려신용정보	9.49%	3.65%	-2.19%	18.07%	○
NHN한국사이버결제	36.35%	49.81%	73.87%	90.17%	○
다날	-7.83%	-12.34%	16.96%	38.08%	○
한국알콜	5.06%	9.49%	-19.3%	25.32%	○
우주일렉트로	10.42%	111.46%	90.97%	146.53%	○
아이씨케이	45.82%	88.26%	113.32%	137.02%	○
이노와이어리스	-1.10%	4.78%	0.20%	33.27%	○
그린케미칼	0.27%	-8.45%	4.63%	13.08%	○
랩지노믹스	9.58%	114.77%	18.56%	114.77%	○
뷰웍스	-4.97%	9.94%	-18.61%	15.77%	○
다나와	-1.86%	1.49%	10.22%	20.07%	○
종근당	-2.18%	38.86%	77.68	128.06%	○
더블유게임즈	15.52%	28.79%	6.03%	40.86%	○
뉴트리	35.42%	18.29%	-1.16%	48.84%	○
오리온	6.45%	7.66%	-12.50%	27.42%	○
콜마비앤에이치	40.28%	111.11%	80.21%	149.65%	○
에스앤에스텍	30.79%	125.78%	60.86%	147.73%	○
코렌텍	0.51%	9.24%	9.11%	18.10%	○
메디아나	6.61%	14.94%	-17.82%	39.66%	○
코아시아	11.62%	23.13%	-2.99%	43.27%	○
LG생활건강	-1.15%	-0.07%	8.23%	14.36%	○
바이넥스	6.87%	90.99%	109.44%	209.01%	○

종목명	기간 수익률			6개월 이내 최고 수익률	6개월 이내 증권사 리포트
	1개월	3개월	6개월		
비트컴퓨터	14.29%	12.81%	-13.99%	38.42%	○
삼양식품	17.33%	18.81%	-4.55%	35.64%	○
삼영화학	9.54%	41.08%	76.76%	104.56%	○
리포트 있는 종목 평균 수익률	12.19%	35.80%	25.08%		
대림건설	-4.46%	27.23%	6.70%	37.95%	×
미원상사	13.13%	31.44%	58.51%	60.29%	×
한국기업평가	17.25%	13.92%	38.88%	45.54%	×
DRB동일	22.64%	16.12%	6.86%	50.77%	×
미래아이앤지	-11.16%	-12.98%	-23.69%	0%	×
원일특강	-7.04%	-0.99%	-7.04%	10.01%	×
파세코	50.00%	37.50%	6.47%	53.45%	×
빅텍	13.13%	85.35%	80.3%	194.19%	×
미원홀딩스	6.24%	12.97%	46.46%	51.02%	×
미원화학	9.11%	14.16%	24.04%	27.11%	×
바디텍메드	-4.55%	-3.25%	37.88%	64.94%	×
뉴지랩	9.43%	-4.53%	0%	32.45%	×
자안	-46.02%	-56.75%	-63.99%	30.03%	×
메드팩토	89.46%	151.32%	194.59%	262%	×
리포트 없는 종목 평균 수익률	11.23%	22.25%	29.00%		

[표2-2] 2020년 4월 30일 기준, 박스 모멘텀 조건 검색 결과 및 해당 기업의 1개월, 3개월, 6개월 수익률 ※증권사 리포트 존재 여부는 실제와 다를 수 있음.

[표2-2]의 종목 중에는 박스권을 이제 막 돌파한 종목들도 있고, 이미 오래전에 박스권을 돌파하여 연일 신고가를 경신하고 있는 종목들도 있다. 박스 모멘텀 전략을 위한 가장 기본적인 검색 조건이 '신

고가'를 기록 중이거나 '신고가에서 -5% 이내'에 주가가 위치한 종목이기 때문에 52주 신고가 종목들은 모두 검색이 된다. 이제 막 박스권을 탈출한 종목을 찾기 위해서는 검색 결과에 나타난 종목들의 차트를 확인해야 한다. HTS의 검색 결과 리스트에서 종목명을 클릭하면 차트가 나오기 때문에 HTS를 이용하면 편리하다.

[표2-2]에서 노란색 음영으로 표시된 종목들은 검색 결과로 나온 종목 중에서 최종 후보 명단에 이름을 올린 것들이다. 대체로 박스권 상단을 이제 막 통과했거나, 통과 직전인 종목들을 선택했지만 일부 종목의 경우에는 박스권 상단 돌파 이후에 강한 상승세를 보여 주는 종목이기도 했다(디알켐, KG모빌리언스, 파이오링크). 박스권 상단을 돌파한 이후에 신고가를 경신하면서 강한 상승세가 이어지는 경우가 많다는 점을 고려하여 최종 후보 명단에 이름을 올렸다.

한편, 나의 기존 주식 계좌에 이미 2차 전지 관련주, 반도체(시스템, 메모리) 관련주, 5G 관련 기업의 주식이 있었기 때문에, 이 책의 집필을 위해 운용한 실험 계좌에서는 의식적으로 2차 전지, 반도체, 5G 관련주를 배제했다.

사실, 실험 계좌는 나의 기존 계좌와 완전히 분리해서 독립적으로 운용해야 하는데, 그러지 못했다는 점이 치명적인 실수였음을 고백한다. 이 같은 점은 최종적으로 실험 계좌 수익률이 예상보다 낮게 나오게 된 하나의 원인이 되었기 때문에 특히 더 아쉬운 대목이다. [9]

[표2-2]의 최종 후보 명단(노란색 음영)에서 가장 먼저 선택된 종목

은 서흥과 노바렉스이다. 마지막까지 서흥과 미원상사를 두고 고민하다가 결국 미원상사를 탈락시키고 서흥을 선택했다.

미원상사는 추세적으로 상승 추세에 있었고, 실적이 좋아질 가능성이 높아 보였기 때문에 성장성이 있는 기업이 될 수 있다고 생각했지만, 거래량이 너무 적다는 점에서 나의 매수 기준에 부합하지 않았다. 미원상사의 일일 평균 거래량은 보통 2,000~3,000주 정도였고, 거래량이 1,000주 미만인 날도 많았다. 개인적으로 하루 5,000주 미만으로 거래되는 종목은 매수하지 않는다. 유동성이 너무 적은 주식은 사고파는 데 애를 먹고, 원하는 가격에 사고팔기가 쉽지 않기 때문이다. 이 같은 이유로 미원상사는 최종 매수 선택지에서 제외되었다. (결과론적으로 봤을 때, 미원상사를 매수했다면 6개월 동안 50% 넘는 수익을 올릴 수 있었을 것이다!)

한편, 이제 막 박스권을 돌파한 종목(많이 오르지 않은 종목)이 많이 있었지만, 계좌에는 디알젬을 최종적으로 편입했다. 디알젬의 4월 말 편입 당시 주가 수준은 3월 저점 대비 약 3배 정도 오른 상태라는 점에서(1개월 만에 3배 상승한 소위 '대박' 종목이다.) 매수를 하는 데 있어 약간의 부담이 있었지만, 주가가 더 오를 여지가 있다고 보고 편입을 결정했다.

---

9 한 예로 2차 전지 관련주들은 3월 폭락 이후 빠르게 상승하면서 박스권 돌파와 함께 52주 신고가 행진을 이어 갔고, 지속적으로 강한 상승세를 보여 주었다. 그러나 실험 계좌에는 의식적으로 2차 전지 관련주를 편입하지 않았기 때문에 상대적 박탈감을 느껴야 했다. 비록 실험 계좌의 수익률이 기대치를 충족시켜 주지는 못했지만 향후 투자 전략을 수립하는 데 의미 있는 결과를 도출했다는 점을 위안 삼는다.

물론 비중은 서홍이나 노바렉스보다 낮게 가져갔는데, 이는 단기 급등에 의한 하락 위험이 서홍이나 노바렉스보다 높다고 판단했기 때문이다. 급락한다고 해도 이상할 것이 없기에(1개월 만에 3배 상승했다는 점을 생각하자.) 매수 이후 하락할 경우를 대비해서 리스크를 줄이고자 비교적 낮은 비중으로 가져간 것이다. 이렇게 1차로 1,000만 원 매수를 끝냈고 2020년 5월 초에 2차로 1,000만 원 매수를 진행했다.

참고로, [그림2-1]의 4월 말 기준 매매 내역을 보면 서홍을 일부 매도한 것으로 나온다. 이는 서홍을 매수하려고 하다가 매도 버튼을 잘못 눌러서 본의 아니게 매도한 것이다. 매도한 이후에 곧바로 매수를 진행하여 최종적으로 노바렉스와 비슷한 비중으로 만들었다.

220-	∨	장우진	****	기간	2020/04/12	~	2020/04/30	□ 월별	☑ 매매비용 □

종목명	기간 중 매수			기간 중 매도		
	수량	평균단가	매수금액	수량	평균단가	매도금액
미원상사	1	61,900	61,900	0	0	0
노바렉스	176	24,646	4,337,700	0	0	0
디알젬	78	13,332	1,039,900	0	0	0
서홍	122	39,977	4,877,250	12	39,650	475,800

[그림2-1] 2020년 4월 말 기준, 실험 계좌 매매 내역. 1차로 1,000만 원을 사용하여 3개 종목을 매수했다.

지금부터 내가 어떤 과정을 거쳐서 특정 종목을 매수하게 되었는지에 대해서 좀 더 자세히 이야기해 보겠다. 매번 이와 같은 과정을 거치는 것은 아니다. 때로는 이보다 더 복잡한 의사결정 과정을 거치기도 하고, 때로는 매우 간단하게 분석하고 매수하기도 한다.

이 같은 방법이 종목을 선택하는 하나의 방법이 될 수 있다는 점을 생각하면서, 나의 의사 판단 과정을 살펴보면 좋을 것 같다. 여러 사례를 살피고 활용하면서 자신의 방법을 찾아가는 것이 중요하다.

매수 1 : 서흥, 노바렉스

[그림2-2] 서흥 주가 차트. 2020년 4월 말, 52주 신고가 기록 지점에서 매수

실질적으로 1차 매수는 2개 종목이 전부라고 할 수 있다. 1차로 매수를 진행한 1,000만 원에서 대부분의 자금을 서흥과 노바렉스에 배정했다. 종목 검색의 결과로 나온 종목이 50개 정도 되지만 굳이 서흥과 노바렉스를 선택한 이유가 뭘까?

서흥은 코스피 제약 섹터에 포함되어 있다. 그 이유는 서흥이 알

가. 주요 제품의 내용

2019년도의 각 제품별 매출액 및 총매출액에서 차지하는 비율은 다음과 같습니다.

(단위 : 백만원, %)

사업부문	품 목	용도 및 기능	매출액	비 율
캡슐 부문	하드캡슐	의약품 등의 내용물 보관	167,118	36.3
	의약품	의약품 전공정 수탁	56,355	12.2
	건강기능식품	건강기능식품 제조	174,901	38.0
	상품 등	원료, 건강기능식품 등	4,075	0.9
원료 부문	젤라틴 등	캡슐, 화장품 등의 원료	51,311	11.1
화장품 부문	화장품	화장품 전공정 수탁 제조	6,968	1.5
합 계	-	-	460,728	100.0

[그림2-3] 서흥의 2019년 사업보고서. 제약 기업으로 분류되어 있지만 실상은 건강기능 식품의 매출 비중이 가장 높다.

약 캡슐을 만드는 회사이기 때문이다. 하지만 [그림2-3]에서 보듯이 사업보고서에서 구체적인 사업 내용을 살펴보면 서흥의 매출에서 가장 큰 비중을 차지하는 것은 '건강기능식품(건기식)'이라는 점을 확인할 수 있다. 즉 건기식 시장이 성장하면 수혜를 볼 수 있는 기업 중 하나라는 생각을 할 수 있다.(사업보고서의 주요 내용을 확인하는 방법에 대해서는 4부 '더 나은 투자자가 되기 위한 얕고 넓은 지식'을 참고하자.)

한편, 2020년 3월과 4월에 신문을 꾸준히 본 사람이라면 '건기식' 시장이 빠른 속도로 성장하고 있다는 이야기를 접할 수 있었을 것이다. 건기식 시장의 빠른 성장 속에서 건기식 사업을 영위하는 기업들의 이익이 늘어날 것이라는 기사가 신문에 반복적으로 등장하고 있었다. 건강, 면역력 향상에 대한 사람들의 관심이 높아지면서 건기식이 각광받고 있고, 편의점에서도 소포장으로 건기식을 판매하기 시작하면서 젊은층에서부터 노년층까지 연령대를 불문하고 건기식에 대한 수요가 증가하고 있다는 소식이 뉴스 기사로 지속적으로 노출되었다.

굳이 신문이 아니더라도 우리 주변에서 홍삼 스틱을 비롯한 여러 가지 건강기능식품을 섭취하는 사람들을 흔히 볼 수 있고, 선물용으로 건강기능식품을 주고받는 사례가 증가하고 있다는 데서 충분히 건기식 사업을 영위하는 기업의 이익이 증가할 것이라고 생각할 수 있다.

이러한 이유로 나는 서흥이라는 기업이 박스권을 뚫고 추가적인 상승세를 이어 갈 수 있을 것이라고 판단했고, 좀 더 확신을 가지기 위해 증권사 리포트를 찾아보았다.

작성일 ▾	분류 ▾	제목 ▾	작성자 ▾	제공출처 ▾
2020-04-16	기업	서흥(008490)건강기능식품 강자	정홍식	이베스트증권
2020-04-13	기업	서흥(008490)성장으로 영업레버리지 효과 본격화	이상헌, 김관효	하이투자증권
2020-04-02	기업	서흥(008490)꾸준히 좋다	서혜원	키움증권
2020-03-24	기업	서흥(008490)매년 성장하는 기업	정홍식	이베스트증권
2020-03-06	기업	서흥(008490)건기식 기대감이 높다	정홍식	이베스트증권
2020-02-25	기업	서흥(008490)기대되는 2020년 + 더 기대되는 2021년	정홍식	이베스트증권
2019-11-05	기업	서흥(008490)중·장기적 성장성 유효	정홍식	이베스트증권

[그림2-4] 한경컨센서스에서 '서흥'을 검색하면 '건강기능식품' 시장 성장에 따른 수혜를 언급하는 리포트가 나온다.

[그림2-4]는 한경컨센서스에서 서흥에 관한 리포트를 찾아본 것이다(2020년 4월 30일 기준). 제목만 보았을 때 4월 16일의 「서흥, 건강기능식품 강자」(이베스트증권)라는 제목의 리포트와 3월 6일의 「서흥, 건

기식 기대감이 높다,라는 제목의 리포트가 눈에 띈다. 3월 6일 리포트에서는 건강기능식품 부문의 이익 성장이 기대된다는 내용을 확인할 수 있다. (실제로 서홍은 2020년 5월 15일 1분기 실적 발표와 8월 14일 2분기 실적 발표에서 '건강기능식품' 부문의 실적이 크게 향상되었음을 보여 주었다.) 이처럼 서홍은 제약 부문의 성장과 함께 건기식 부문의 이익 성장이 예상되는 기업이었다.

신문과 리포트에 나타난 미래 실적에 대한 긍정적 전망과 실제로 주변에서 건기식 수요가 증가하는 것을 확인할 수 있었기에 충분히 매수할 만한 가치가 있는 기업이라고 판단했다.

[그림2-5] 노바렉스 주가 차트. 2020년 4월 말, 52주 신고가 기록 지점에서 매수

노바렉스는 코스닥 식료품 섹터에 속하는 기업으로서 대표적인 건강기능식품 기업 중 하나이다. 엄밀히 따지면 서홍과 노바렉스 두

종목은 코스피와 코스닥이라는 서로 다른 시장, 그리고 제약과 식료품이라는 다른 섹터에 포함된 기업이지만, 실질적으로 사업 영역이 겹치면서 경쟁 관계에 있는 기업이기도 하다.

앞서 이야기했듯이 건기식 시장의 빠른 성장세 속에서 두 기업 모두 수혜 기업으로 자리 잡을 수 있을 것이라는 생각이 있었기 때문에 매수를 했다. 한편으로는 노바렉스의 기업 규모(시가총액)는 서흥의 절반 정도 수준이었기 때문에, 개인적으로는 서흥보다 노바렉스가 좀 더 높은 수익률을 보여 줄 것이라고 예상했고, 그 결과를 확인해 보고 싶어서 매수를 진행한 측면도 있다.

결과적으로 서흥과 노바렉스의 실제 주가의 흐름을 보면 같은 기간 동안 노바렉스가 서흥보다 더 높은 상승률을 보여 주었다는 것을 확인할 수 있다(90쪽 [표2-2]를 확인하라).

순위	업체명	2018		2017		2016	
		생산액	시장점유율	생산액	시장점유율	생산액	시장점유율
1	(주)한국인삼공사	8,503	33.71%	8,176	36.54%	7,597	35.73%
2	콜마비앤에이치(주)	1,701	6.74%	1,314	5.87%	1,095	5.15%
3	종근당건강(주)	1,242	4.92%	612	2.74%	426	2.00%
4	(주)한국야쿠르트	954	3.78%	929	4.15%	998	4.69%
5	주식회사 노바렉스	928	3.68%	832	3.72%	794	3.73%
6	(주)서흥	879	3.49%	827	3.70%	746	3.51%

[그림2-6] 노바렉스 사업보고서(사업의 내용)에 기재된 건강기능식품 시장 점유율 현황

[그림2-6]에서 확인할 수 있는 것처럼 노바렉스는 우리나라 건기식 시장에서 비교적 상위에 랭크된 기업으로서 시장 성장의 수혜를

직접적으로 받을 수 있다. 상위권에 위치한 다른 기업들은 건기식 외에 다른 사업도 영위하고 있지만 노바렉스는 건기식 시장 성장의 수혜를 오롯이 받을 수 있는 기업이라는 점에서 건기식 시장의 성장이 예상된다면 노바렉스의 매수를 고려할 만하다. (물론 건기식 시장 점유율 2위인 콜마비앤에이치를 매수했다면 더 높은 수익률을 기록할 수 있었을 것이다. 콜마비앤에이치의 수익률은 90쪽 [표2-2]를 참고하라.)

여러 가지 정황에도 불구하고 노바렉스라는 기업이 생소하고 매수에 대한 확신이 서지 않는다면 앞서 서흥의 경우와 마찬가지로 노바렉스에 관련된 리포트를 찾아보면 된다.

작성일 ▼	분류 ▼	제목 ▼	작성자 ▼	제공출처 ▼
2020-04-27	기업	노바렉스(194700)계절성 없는 가파른 성장세	한경래	대신증권
2020-04-13	기업	노바렉스(194700)건강기능식품 시장 성장은 곧 나의 성장	이상헌, 김관효	하이투자증권
2020-02-11	기업	노바렉스(194700)4Q19 Review. 영업이익 시장기대치 상회하며 분...	박종선, 노태민	유진투자증권
2020-02-11	기업	노바렉스(194700)2019년 실적 고공행진, 2020년 노바렉스의 비상...	이정기, 김두현	하나금융투자
2020-02-04	기업	노바렉스(194700)준비된 Capa와 확실한 성장성	한경래	대신증권
2020-01-28	기업	노바렉스(194700)4Q19 영업이익 42억원. 이번에도 또 서프라이즈...	이정기, 김두현	하나금융투자
2019-11-14	기업	노바렉스(194700)편안한 주가. 확실한 방향성	한경래, 이새롬	대신증권
2019-11-12	기업	노바렉스(194700)	코스닥	하나금융투자
2019-10-21	기업	노바렉스(194700)국내 건기식 ODM 1등. 시장 대응 능력은 앞으로...	이정기	하나금융투자

[그림2-7] 한경컨센서스에서 노바렉스를 검색했을 때 나오는 리포트

한경컨센서스에서 리포트 검색을 해 보면 [그림2-7]에 보이는 것처럼 여러 증권사에서 노바렉스에 대한 리포트를 발행한 것을 확인할 수 있다.

대신증권, 하이투자증권, 하나금융투자, 유진투자증권 등 다양한 증권사에서 건기식 시장의 성장이 곧 노바렉스의 성장으로 이어질 것임을 이야기하고 있다. 이와 같은 일련의 상황은 노바렉스를 매수할 만한 충분한 이유가 될 수 있다.

매수 2 : 디알젬

이제 디알젬에 대해서 이야기를 해 보자. 사실, 디알젬을 매수하는 과정은 초보 투자자들이 따라 하기에는 다소 어려운 부분이 있기도 하다. 그렇기 때문에 복잡해 보이는 계산에 자신이 없는 사람이라면 디알젬 사례는 지금 읽지 않아도 된다. (더 쉽게 좋은 종목을 잡을 기회는 얼마든지 있다! 읽으면서 이해가 잘 안 된다면 4부 '더 나은 투자자가 되기 위한 얕고 넓은 지식'을 읽고 나서 다시 보자. 그러면 이해가 될 수도 있다.)

물론 장기적으로 좀 더 나은 투자자가 되고 싶은 사람이라면 디알

[그림2-8] 디알젬 주가 차트. 4월 말, 2020년 신고가 행진을 이어가고 있는 중에 매수

젬 사례를 살펴보고 다른 종목 매수에도 적용해 보면 좋을 것이라고 생각한다. 디알젬 매수 판단을 위해 활용한 방법이 절대적인 수익을 안겨 주는 비기(祕器)가 될 수는 없겠지만, 최소한 시장에서 안전하게 매매할 수 있는 방법 중 하나가 될 수는 있다.

디알젬은 노바렉스, 서홍보다 복잡한 과정을 거쳐 매수를 진행했지만 비중은 더 낮았다. 1차로 노바렉스와 서홍을 매수하고 남은 금액을 매수했으며(94쪽 [그림2-1] 참고), 2차로 2020년 5월 초에 추가 매수를 했다. (물론 이때도 비중은 높지 않았다.) 최초 매수를 할 당시 디알젬의 주가는 한 달 만에 3배가 오른 시점이었기 때문에 단기 급등에 따른 부담이 있었다. 그렇기 때문에 매수를 위한 최종 명단에 이름을 올리고 검토를 하면서 수익률 몇 % 달성이라는 목표가 아닌 '매도 시기'를 정하고 매수를 진행했다.

디알젬과 같은 급등 종목들은 증권사에서 목표가를 제시하는 경우가 드물고, 제시된다고 하더라도 그 목표가는 무의미하다. 따라서 나는 매도 시기를 1분기 실적 발표일(2020년 5월 14일)로 잡고 비교적 짧게 가져가야 할 종목으로 생각했다.

나는 왜 디알젬을 샀으며, 매도 시점을 실적 발표일로 정했을까?

디알젬은 X-Ray 장비를 만드는 업체이다. 우리나라의 대표적인 중소 의료기기 업체이지만 전체 시장 규모 대비 시장 점유율은 작은 편이기 때문에 그동안 큰 주목을 받지 못했던 기업이기도 하다.

그렇지만 코로나19 사태로 인해서 상황이 변하기 시작했고, 디알 젬이라는 기업에도 기회가 왔다. 전 세계적으로 '폐렴 검사' 장비에 대한 수요가 늘어났고, 디알젬 제품에 대한 수요가 늘어난 것이다. 하지만 내가 '디알젬'이라는 종목을 발견했을 때는 이미 주가가 2020년 3월 저점 대비 3배가 오른 상황이었고, 3월 폭락 이전의 3개월 평균 주가 수준(대략 7,500원)에서도 2배 정도 오른 지점이었기 때문에 앞으로 얼마나 더 오를 수 있을지를 생각해 봐야 했다.

작성일	분류	제목	작성자	제공출처	첨부파일
2020-04-27	기업	디알젬(263690)코로나 수혜로 실적점프 업!	서춘우	SK증권	📎
2020-04-08	기업	디알젬(263690)준 비 된 기 업 에게 찾 아 온 기 회	유현재	DB금융투자	📎

[그림2-9] 한경컨센서스에 등록된 '디알젬' 관련 리포트

먼저, 디알젬과 관련된 증권사 리포트를 찾아보았다. 한경컨센서스에서 검색되는 리포트는 2건이었다. 리포트 2건의 내용을 살펴보니 모두 '코로나19로 인해 X-Ray 검사 장비 수요 급증이 예상되며, 회사 자체적으로 계획했던 2020년 실적을 조기 달성할 것'이라는 이야기가 나왔다. 자연스럽게 매출이 급증하고 이에 따라 이익이 증가할 것이라고 생각할 수 있었다. 그렇지만 2020년 4월 말 현재, 1분기 실적이 발표되기도 전에 주가는 고공행진을 하고 있으므로 이미 실적을 선반영하고 있다고 봐야 했다.

따라서 현재 주가 상승의 동력은 '예상 실적과 실적 증가 기대감'이라고 생각할 수 있으며, 예상 실적이 얼마가 되느냐에 따라서 주가 수준이 결정될 것이라고 생각했다.

디알젬의 1분기 예상 실적을 얼마로 잡을 수 있을까? 그것을 예상해 보는 것이 중요한 문제였다. B2B 기업의 실적을 예상하기 위해서는 해당 회사의 '수주 잔고(납품해야 할 물건)'와 '계약 체결' 공시를 확인해 보아야 한다. 모든 회사가 수주 잔고를 공개하는 것은 아니지만, 대다수 기업의 사업보고서에는 수주 잔고가 기재되어 있는 경우가 많다. ('사업의 내용'에 '수주 잔고' 항목이 있다.)

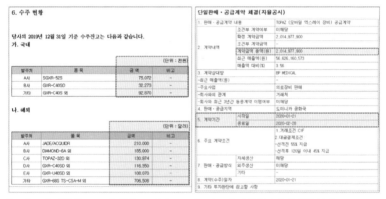

[그림2-10] 디알젬 2019년 사업보고서의 '수주 현황'

[그림2-11] 디알젬의 계약 체결 공시 (2020.1.21.)

회사에서 2020년 3월 30일에 공시한 사업보고서에는 2019년 12월 31일 기준 '수주 잔고'가 표기되어 있었다([그림2-10]의 내용. 국내외 합 약 176억). 그리고 [그림2-11]에서 볼 수 있듯이 2020년 1월 21일에는 도미니카 공화국의 'BP MEDICAL'이라는 회사와 공급 계약을 체결했다는 공시를 띄웠는데, 2번 항목의 '계약 내역'에 거래 금액 20억 원, 5번 항목의 '계약 기간'에 2020년 1월 21일~2020년 2월 28일로 나온다. 이 외에도 다른 계약 체결 공시를 통해 통상적으로 계약 체결을 하게 되면 납기가 3개월을 넘지 않는다는 것을 확인할 수 있다.

계약 체결 후 납기까지 3개월이 걸리지 않는다는 점을 생각해 볼 때, 2019년 12월 31일 기준 수주 잔고는 1분기 매출로 인식될 것이고, 2020년 1월 이후에 계약 공시가 뜬 것 중에서 납기가 3월 30일 이전인 것은 1분기 매출로 인식될 것이라고 생각할 수 있다. 이 같은 정보를 바탕으로 디알젬의 2020년 1분기 매출을 예상해 볼 수 있다.

이를 바탕으로 기본적인 1분기 매출을 예상해 보면 다음과 같다.

① 1분기 매출로 인식되지 않은 국내 수주 잔고 : 약 2억 원

② 1분기 매출로 인식되지 않은 해외 수주 잔고 : 1,456,902달러 × 1,200원 = 약 174억 원

③ 2월 28일 납품 예정인 수주 공시 1건 : 약 20억 원

▶ 결론(①+②+③) : 2020년 1분기(1~3월) 예상 매출 = 196억 + α

수주 잔고와 공시를 바탕으로 예상할 수 있는 매출은 196억 원 정도이며, 통상적으로 수주 공시를 띄우지 않고 매출이 이루어지는 경우도 있기 때문에 196억 원보다 높은 매출이 나올 수 있을 것으로 생각할 수 있다. 즉 최소 매출을 196억 원으로 잡을 수 있다는 이야기이다.

보수적으로 잡아도 디알젬의 1분기 매출이 200억 원 정도 나올 수

있다는 것인데, 분기 200억 원 매출이 어느 정도 수준인지 가늠해 보기 위해서 전년 동기(2019년 1분기) 매출과 비교해 보고, 그 당시의 주가 수준을 바탕으로 앞으로의 주가를 추론해 볼 필요가 있다.

	매출	주가
2019년 1Q	117억 원	1만 2,000원(평균)
2020년 1Q	196억 원 + α 예상	2만~2만 5,000원(예상)

[표2-3] 디알젬 실적 비교를 통한 주가 예상

디알젬의 2019년 1분기 분기 보고서를 확인해 보니 매출이 약 117억 원이었다. 2019년 1분기 실적 발표를 전후한(2019년 3~5월) 디알젬의 주가는 저점 10,000원에서 고점 15,000원 사이를 오갔으며 평균적으로 주가는 12,000원이라고 할 수 있다. (101쪽 [그림2-8] 참고)

상황이 완전히 똑같을 수는 없지만 2020년은 디알젬의 주가가 상승 추세에 있고(2019년은 하락 추세였기 때문에 2020년이 더 긍정적이다!), 향후 실적이 향상될 것이라는 기대감이 있는 상황이기 때문에 분기 매출이 YoY 2배 정도 상승한다면 주가 역시 2배 정도 상승해도 크게 이상할 것이 없다고 생각할 수 있다.

따라서 나는 디알젬의 주가가 2만 원까지는 갈 만한 여력이 된다고 생각했고, 오버 슈팅이 나온다면 25,000원까지도 노려볼 수 있다고 판단했다. 이 같은 의사결정 과정을 거친 뒤 나는 디알젬 매수를 진행했고, 불확실성이 짙은 상황 속에서도 실적 발표일까지 디알젬 주식을 홀딩할 생각을 한 것이다.(내 예상이 맞을 것인지 틀릴 것인지 확인하는 재미는 덤이다. 물론 하락하면 고통과 후회가 밀려들겠지만….)

실적 발표일에 매도하겠다고 생각한 이유는 디알젬의 주가가 움직이는 원동력이 '확인된 실적(발표된 실적)'이 아니라 '실적 증가 기대감(예상 실적)'이라고 생각했기 때문이다. 실적 발표는 그저 예상 실적을 '확인'하는 과정일 뿐이다.

만약, 실적 발표일에 시장의 예상, 기대치보다 더 좋은 실적을 발표하고, 미래에 더 큰 실적을 보여 줄 것이라는 믿음을 심어 준다면 실적 발표 이후에도 주가가 오를 수 있겠지만 매수 시점인 2020년 5월 초 현재, 그것까지는 장담할 수 없었다. 5월 실적 발표일이 바짝 다가온 상황에서 '수주 공시'가 많지 않았기 때문에 '1분기 실적 발표일이 피크가 되지 않을까?'라는 생각을 한 것이다.

결과적으로 볼 때, 나의 예상은 어느 정도 맞아떨어졌다. 디알젬의 주가는 실적 발표일(2020년 5월 15일)에 크게 오르면서 축포를 터트렸고, 이후 차익 실현 매물이 나오면서 하락 조정 과정을 거쳤다. 나는 실적 발표일과 그 이후에 분할 매도로 물량을 정리했다. 하지만 디알젬은 1분기 실적 발표를 통해서 수주 잔고가 기존에 알려진 것보다 더 많이 있다는 것을 보여 주었으며(공시로 확인할 수 있는 것보다 더 많은 수주 잔고를 보여 주었다. 별도로 공시하지 않은 계약 체결이 많았던 것이다.), 이후 2분기 실적 발표일(2020년 8월 14일)이 다가오면서 주가가 다시 상승하는 모습을 보여 주기도 했다(이 부분은 주가 차트를 통해서 확인하라).

나는 디알젬에서 한 번 재미를 봤기 때문에, 또 한 번 재미를 볼 요량으로 2분기 실적 발표 전에 다시 디알젬을 매수했다. 하지만 매도 타이밍을 잘못 잡은 탓에 별다른 재미를 보지 못하고 빠져나와야 했다.

앞서 이야기했듯이, 내가 디알젬을 매수하고 매도 시기를 판단하는 과정은 초보 투자자들이 따라 하기에는 다소 어려운 측면이 있다. 이 정도 노력을 기울이지 않아도 충분히 좋은 수익을 낼 수 있는 방법은 많으며, 필자보다 더 높은 수익률을 기록할 수 있을 것이라고 믿어 의심치 않는다. 이 같은 매매 판단 과정은 단지 '조금 더 안전한' 방법일 뿐이다. 물론 좀 더 배우고자 하는 의욕이 있는 투자자라면 이 책의 4부 '더 나은 투자자가 되기 위한 얕고 넓은 지식' 부분을 탐독하면서 더 많은 지식을 쌓고, 실전 경험을 쌓아 나가면 된다.

포트폴리오에 관한
이야기 2

2020년 5월 초, 매매에 대하여

2020년 5월 초, 연휴가 끝난 뒤 남은 1,000만 원 자금에 대한 주식 매수에 나섰다. [그림2-12]의 매매 내역에서 볼 수 있듯이 키다리스튜디오, KG모빌리언스, 다날, 윈스, 파이오링크를 최종적으로 계좌에 편입했고, 한국기업평가, 고려신용정보, 이크레더블은 최종적으로 계좌에서 제외되었다. 또한 5월 15일 디알젬의 실적 발표가 있고 나서 계획했던 대로 디알젬은 분할 매도로 차익 실현을 하였다.

한국기업평가, 고려신용정보, 이크레더블 3종목은 데이터 3법과 관련하여 수혜를 입을 수 있다는 생각에 실험 계좌 편입을 고려했던 종목이지만 다른 종목에 비해 경쟁력이 떨어진다고 판단하여 최종적으로는 실험 계좌에서 제외하였다. 고려신용정보의 경우 계좌에 편입하기 위해 일부 매수를 진행하였는데, 계획이 변경됨에 따라 매도

하였다. 공교롭게도 매수를 시작하자마자 주가가 오르면서 약 11% 정도의 수익을 낼 수 있었다.

종목명	기간 중 매수			기간 중 매도			매매비용	손익금액	수익률
	수량	평균단가	매수금액	수량	평균단가	매도금액			
미원상사	0	0	0	1	61,800	61,800	153	-100	-0.16
카다리스튜디오	278	7,210	2,004,520	70	7,190	503,300	1,395	4,900	0.98
한국기업평가	1	68,000	68,000	1	70,100	70,100	175	2,100	3.09
KG모빌리언스	322	8,971	2,888,720	112	9,130	1,022,560	2,822	29,041	2.92
고려신용정보	221	5,388	1,190,800	221	5,989	1,323,650	3,647	132,850	11.16
다날	592	4,292	2,541,430	0	0	0	0	0	0.00
이크레더블	1	18,500	18,500	1	18,450	18,450	46	-50	-0.27
윈스	225	16,002	3,600,550	0	0	0	0	0	0.00
파이오링크	84	14,230	1,195,400	0	0	0	0	0	0.00
디알헴	59	13,488	795,850	137	19,621	2,688,100	7,326	852,351	46.43

[그림2-12] 2020년 5월, 1,000만 원 매수 및 일부 매도

사실, 제한된 자금을 운용하는 입장에서 최종적으로 종목을 추려 내는 일은 쉽지 않다. 넓게는 어떤 업종, 어떤 테마에 포함된 종목을 선택할 것인가의 문제를 생각해야 하고, 최종적으로는 업종·테마 안에서 어떤 종목(개별 주식)을 골라야 할지 고민할 수밖에 없다.

대체로 같은 업종·테마로 묶인 종목들은 주가의 흐름이 비슷하게 움직이는 경향이 있지만, 개별 종목의 움직임과 수익률이 크게 차이 나는 경우도 흔하기 때문에 어떤 종목을 선택할 것인가는 가장 큰 고민일 수밖에 없다. (이런 고민을 줄여 주는 것이 테마·섹터 ETF 상품이며, 투자 자금이 넉넉하다면 조건 검색을 통해 추출된 종목을 모두 사는 것도 나쁘지 않은 전략이 될 수 있다. 이와 관련한 이야기는 뒤에서 다룰 것이다.)

이런 고민 속에서, 나는 2020년 5월 초에 나머지 1,000만 원을 투자하기 위해 온라인 결제 관련주, 인터넷 보안, 그리고 콘텐츠 관련주를 최종적으로 선택했다. 그러면서 계좌 운용 원칙으로 명시하지

는 않았지만 종목 선택의 기준으로 시가총액 5,000억 원 미만의 비교적 규모가 작은 종목을 선택하고자 했다. 시가총액이 작은 기업들은 대형주에 비해서 상대적으로 주가 변동의 범위가 크다. 즉 리스크가 크다는 특징이 있는데 주가 상승기에는 덩치가 작은 기업들이 덩치가 큰 기업에 비해서 주가 상승률이 높고, 하락 시기에는 더 큰 하락을 보여 준다는 것이다. 나는 수익률을 극대화하기 위해서 시가총액이 작은 기업들을 위주로 매매를 진행했다. 하락 리스크 관리보다는 상승에 좀 더 무게를 두면서 매매를 한 것이다.

매수 3 : KG모빌리언스, 다날

모바일 결제 관련 기업을 포트폴리오에 편입하기로 결정하고 KG모빌리언스와 다날을 최종 선택했다. 모바일 결제 관련 대장주는 NHN한국사이버결제이지만 회사의 규모가 크고(2019년 10월 초 기준 시가총액 약 1조 6천 억 원), 이미 시장의 큰 관심을 받아 주가가 많이 상승한 상태였기에 규모가 좀 더 작고, 이제 막 박스권 상단을 돌파한 KG모빌리언스와 다날에 주목한 것이다.

2019년 5월 초 기준으로 KG이니시스가 더 높은 주가 상승세를 보였지만, 두 기업의 이익 규모와 시가총액이 비슷한 수준이었기 때문에 두 기업 중 하나를 선택하기란 쉽지 않았다. 이미 상승 탄력을 제대로 받으면서 증권가의 긍정적인 전망이 많은 KG이니시스를 선택할 것인가, 휴대폰 결제 분야 시장 점유율 1위인 다날을 선택할 것인가 고민하지 않을 수 없었다.

물론 자세히 뜯어보면 세부적인 사업 구조에서 차이가 나지만 어
쨌거나 두 기업은 모바일 결제 분야에서 두각을 나타내는 기업이라
는 점에서 두 기업은 공통분모를 가지고 있다. 차이가 있다면 증권가
의 전망치 부분에서 약간의 차이가 난다는 점이다. 증권사 리포트를
기준으로 봤을 때는 KG이니시스의 판정승이었다.

나는 다날과 KG이니시스의 수익률을 비교해 보는 것도 의미가 있
는 일이라고 생각했다. 그래서 두 기업 중 하나를 선택한 것이 아니
라 2개 기업을 모두 보유하기로 했다. 다만, 2개 기업을 '모바일 결제'

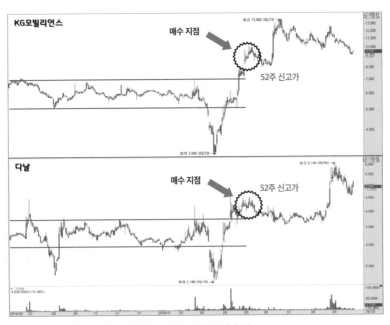

[그림2-13] KG이니시스와 다날의 매수 시점과 이후 주가 추이

라는 테마로 묶어서 하나의 기업을 매수하는 것으로 간주했다. 즉 1개의 기업에 투입할 자금(400~500만 원)을 2개 기업에 나눠서 배분한 것이다(자금 배분에 관한 것은 110쪽 [그림2-12] 참고).

그렇다면 KG이니시스와 다날은 어떤 결과를 보여 주었을까? 앞서 확인한 [표2-2](90쪽)와 [그림2-13]을 보면 매수 이후 두 종목의 주가 흐름을 확인할 수 있다.

KG이니시스는 잠시 조정을 거친 후 급등세를 보여 주었고, 다날은 3개월 이상 조정 기간을 거친 후에야 시장의 관심을 받으며 상승했다. 다날은 뒤늦게 휴대폰 결제 시장 점유율 1위라는 사실과 실적이 조명받은 것이다.

매수 4 : 윈스, 파이오링크

윈스와 파이오링크는 인터넷 보안과 관련 있는 종목이다. 파이오링크는 클라우드 시장의 성장과 함께 일찌감치 시장의 관심을 받은 기업이다. [그림2-14]에서 볼 수 있듯이 코로나19 사태 이전부터 주가가 가파르게 상승했으며, 코로나19로 충격으로 인한 2020년 3월 대폭락 이후 주가가 빠르게 반등하면서 5월 초 주가는 3월 저점 대비 3배 정도 상승한 상태였다.

윈스와 파이오링크 역시 다날, KG모빌리언스 사례와 마찬가지로 두 종목을 함께 매수했다. [그림2-12]에서 볼 수 있듯이 비중 측면에

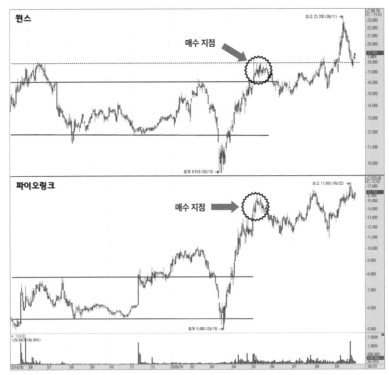

[그림2-14] 윈스와 파이오링크 매수 시점과 주가 추이

서는 윈스와 파이오링크 비중을 3:1의 비율로 가져갔다. 비율에 차이를 둔 이유는 파이오링크의 주가 단기 급등에 따른 부담이 컸기 때문이다. 클라우드 시장의 지속적인 성장과 함께 인터넷 보안의 중요성이 강화된다면 파이오링크의 성장 역시 계속될 수 있지만, 단기 급등에 따른 부담을 충분히 상쇄할 만한 것은 아니라고 판단했다. 다만, 매수 당시 상승 추세가 꺾이지 않은 상황이었기 때문에 윈스와 함께 매수하여 향후 수익률을 살펴보는 것이 좋겠다는 생각에 함께 매수

를 진행했다.

그렇다면 윈스와 파이오링크는 매수 이후 어떤 결과를 보여 주었나? 2020년 3월 말~5월 초, 약 한 달 반 동안 가파른 상승세를 보여 주었던 대부분의 종목이 5월 중순 이후 조정 기간에 돌입했다. 대다수 종목의 주가가 하락하기 시작한 것이다.

나는 파이오링크의 단기적인 추세가 꺾였다고 생각하고 파이오링크는 매도했다. 반면, 윈스는 홀딩 포지션을 유지했다.

매수 5 : 키다리스튜디오

마지막으로 매수한 종목은 키다리스튜디오이다. 네이버와 카카오의 웹툰 서비스가 미국, 일본, 유럽, 동남아 등에서 큰 인기를 끌면서 가파른 성장세를 이어 가고 있고, 동영상과 웹툰 등의 온라인 기반의 콘텐츠가 큰 인기를 끌고 있다는 점에서 웹툰 사업을 영위하는 키다리스튜디오 역시 관심을 가져 볼 만한 기업이라고 생각했다.

한편으로는 키다리스튜디오의 2020년 5월 초 매수 당시 주가는 3월 저점 대비 3배 이상 상승한 상태였다는 점에서 디알젬이나 파이오링크와 마찬가지로 단기 급등에 따른 부담을 느낄 수밖에 없었다. 계좌에 남은 현금도 많지 않았다. 결과적으로 키다리스튜디오에는 다른 종목의 평균적인 매수 금액보다 낮은 금액이 배정되었다.

[그림2-15] 키다리스튜디오 매수 시점과 이후 주가 흐름

키다리스튜디오의 주가 흐름은 어떻게 흘러갔는가?

키다리스튜디오의 주가는 2020년 5월 초 매수 이후부터 1개월 정도 조정을 받았다(그림 [2-15]를 참고하라). 5월 중순부터 시장이 전체적으로 조정을 받았지만 키다리스튜디오는 조금 더 빨랐던 것이다. 그렇지만 조정이 마무리된 이후에 상승과 하락을 반복하면서 꾸준히 우상향했다는 것을 알 수 있다. 그렇다면 나는 수익을 냈을까? 뒤에서 그 결과를 확인하기 바란다.

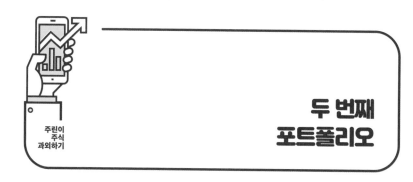

두 번째
포트폴리오

주린이
주식
과외하기

욕심과 반성, 그리고 전략 변화의 계기

2020년 5월 중순, 4개 종목을 매도했다. 지나고 나서 보니 '아쉬운 결정'이었지만(내가 팔면 주가가 더 많이 오르는 안타까운 현실), 계좌 운용의 기본 원칙을 지키는 것이 우선이라고 생각했기 때문에 서흥, 노바렉스, 디알젬, 파이오링크를 매도했다.

디알젬은 앞서 언급한 대로 '실적 발표' 이후 분할 매도했다. 서흥과 노바렉스는 목표 수익률 30%에 도달했기 때문에 분할 매도했고(서흥은 분할 매도하는 중에 주가가 떨어져서 결과적으로 30% 수익을 챙기지 못했다.), 파이오링크는 고점 부담이 있는 상황에서 추세가 꺾인 듯하여 매도했다. 매도 결과 1,200만 원 정도의 현금이 생겼고 새롭게 포트폴리오에 추가할 종목을 검색했다.

새로운 종목이 많이 보였다. 박스 모멘텀 전략을 위한 검색식을

종목명	기간 수익률			6개월 이내 최고 수익률	6개월 이내 리포트 존재 여부
	1개월	3개월	6개월		
DMS	-10.45%	31.35%	65.95%	106.31%	○
대한제강	7.16%	-5.52%	31.34%	34.33%	○
한컴MDS	13.75%	-10.00%	2.50%	17.08%	○
한독	26.13%	57.67%	41.68%	76.46%	○
이지웰	2.78%	17.62%	72.22%	80.95%	○
LG하우시스	0.83%	-6.46%	21.85%	24.17%	○
삼양식품	4.31%	-13.33%	-21.88%	7.45%	○
서흥	9.68%	13.83%	-1.98%	17.98%	○
한글과컴퓨터	32.11%	48.78%	43.90%	73.58%	○
코아시아	-7.23%	-5.62%	-12.35%	25.00%	○
LG생활건강	-3.72%	10.45%	11.95%	15.03%	○
인텍플러스	25.00%	32.08%	21.23%	55.19%	○
우주일렉트로	47.46%	62.09%	111.94%	107.76%	○
와이엔텍	-2.85%	13.01%	-0.81%	17.48%	○
아이씨케이	15.02%	33.93%	20.19%	69.63%	○
이노와이어리스	-6.50%	-3.06%	9.37%	27.92%	○
비츠로셀	10.86%	6.91%	12.83%	30.92%	○
GST	2.26%	-17.84%	-14.57%	12.81%	○
케이엠	-17.73%	-8.98%	-33.8%	1.65%	○
아이티엠반도체	2.89%	-7.60%	-20.67%	9.42%	○
차바이오텍	1.44%	6.97%	-7.45%	28.12%	○
텔레필드	-14.26%	-27.48%	-32.44%	3.51%	○
칩스앤미디어	-12.22%	-17.03%	21.74%	36.27%	○
동국S&C	15.31%	71.00%	123.85%	188.62%	○
윌덱스	2.54%	29.24%	72.14%	76.38%	○
에스앤에스텍	29.97%	46.15%	32.53%	66.35%	○
나이스디앤비	9.81%	-3.74%	-5.14%	22.43%	○
티에스이	23.85%	94.10%	182.05%	200%	○
피앤이솔루션	14.81%	27.16%	30.56%	52.16%	○
테스나	-10.25%	11.26%	21.16%	39.83%	○

종목명	기간 수익률			6개월 이내 최고 수익률	6개월 이내 리포트 존재 여부
	1개월	3개월	6개월		
파크시스템스	-4.34%	9.43%	25.85%	38.87%	○
엔케이맥스	-3.47%	9.38%	-9.38%	27.78%	○
더블유게임즈	20.68%	6.94%	-11.08%	20.68%	○
데브시스터즈	-9.68%	-12.73%	3.05%	3.05%	○
노바렉스	1.24%	29.81%	22.52%	38.98%	○
알테오젠	44.26%	86.42%	73.23%	126.61%	○
파마리서치프로덕트	8.97%	31.03%	12.71%	42.43%	○
제테마	96.33%	54.67%	66.33%	99.33%	○
레이	-16.42%	-19.68%	-17.44%	2.43%	○
엘앤씨바이오	7.57%	39.81%	8.21%	51.07%	○
리포트 있는 종목 평균 수익률	8.95%	18.05%	24.35		
경방	-7.00%	-15.95%	-8.17%	8.95%	×
유니온	-35.73%	13.34%	-16.12%	32.76%	×
피에스텍	1.46%	-7.32%	11.10%	21.83%	×
미원상사	7.18%	30.75%	53.74%	60.20%	×
삼영화학	-10.41%	26.39%	50.56%	83.27%	×
DRB동일	-18.89%	-4.16%	-13.35%	10.71%	×
태경케미컬	2.85%	44.30%	125.67%	140.77%	×
영흥	0%	-3.02%	12.07%	25.00%	×
삼천리자전거	37.31%	18.19%	6.03%	59.33%	×
동서	-6.98%	42.15%	69.19%	77.03%	×
한국기업평가	-7.86%	7.60%	19.52%	21.93%	×
JW신약	-4.49%	1.50%	5.8%	24.11%	×
SCI평가정보	1.17%	41.14%	38.36%	92.39%	×
넥슨지티	32.85%	109.54%	59.42%	159.06%	×
파세코	-13.91%	-31.66%	-22.49%	5.33%	×
옴니시스템	-4.59%	-2.98%	23.85%	44.72%	×
티엘아이	13.93%	56.49%	44.08%	75.38%	×
전파기지국	-7.61%	-19.38%	-23.1%	2.65%	×
그린케미칼	-2.97%	-2.56%	66.53%	75.44%	×

종목명	기간 수익률			6개월 이내 최고 수익률	6개월 이내 리포트 존재 여부
	1개월	3개월	6개월		
에스에너지	27.41%	34.87%	77.41%	104.39%	×
동방선기	-7.35%	-22.57%	-3.94%	27.30%	×
미원홀딩스	4.27%	13.61%	56.36%	59.96%	×
진매트릭스	12.23%	26.26%	122.30%	123.02%	×
미원화학	6.00%	4.00%	23.00%	26.00%	×
엔터메이트	-33.72%	42.64%	12.40%	70.93%	×
메드팩토	-5.78%	33.74%	58.21%	98.33%	×
샘표식품	-9.57%	5.11%	0.98%	13.04%	×
삼양패키징	1.43%	1.14%	19.43%	30.29%	×
리포트 없는 종목 평균 수익률	-1.03	15.83	31.03		

[표2-4] 2020년 5월 말 기준, 종목 검색 결과 리스트. 나는 여기에서 4개 종목을 매수했다.

통해 발굴한 2020년 5월 말 기준 종목의 리스트는 [표2-4]와 같다. 매도한 종목과 첫 번째 포트폴리오 구성에서 제외한 종목(서흥, 노바렉스, 미원상사 등)은 두 번째 포트폴리오 편입 대상에서 배제했다.

약 70개의 종목 중에서 최종 리스트에 오른 종목은 DMS, 대한제강, 한컴MDS, 한독, 이지웰, LG하우시스, JW신약, SCI평가정보, 넥슨지티 9개 종목이었다. 2020년 5월 말, 시장의 화두는 '한국판 뉴딜', '그린뉴딜'이었고, 코로나19의 가장 큰 수혜주로 '인터넷 서비스 - 포털, 게임'이 언급되고 있었다. 또 온라인 쇼핑 시장은 성장이 가속화되었고, 언론에서는 장기간 집콕으로 인한 집 꾸미기가 유행이라고 떠들어 댔다. 그리고 코로나19의 가장 큰 수혜 산업은 '제약·바이오'라는 데 이견은 없었다. 또 하나, 데이터 3법은 여전히 시장의 이슈로 자리하고 있었다.

나는 어떤 선택을 했는가.

두 번째 포트폴리오 구성을 하며 좀 더 빨리, 더 큰 수익을 내고 싶다는 생각(사실은 '탐욕')이 앞섰다. 그랬기 때문에 '완벽한 실패'를 불러왔을지도 모른다. 첫 매매를 비교적 성공적으로 만들었던 것에 대한 자신감(사실은 '오만')도 두 번째에서는 완벽한 실패를 하는 데 일조했을 것이다.

나는 한독과 JW신약을 두고 고민했다. 이번에는 두 종목을 모두 매수하지는 않았다. 이제부터는 한 종목씩 매수하면서 선택과 집중을 하고자 했다. 한독이 매력적으로 보이긴 했지만, 그럼에도 불구하고 JW신약을 선택했다.

한독에 대한 증권사의 평가는 후했고, JW신약은 증권사 리포트가 존재하지 않았다. 한독의 실적 성장에 대해서 증권사 리서치 센터에서는 긍정적인 전망을 내놓았다. 그렇지만 JW신약은 규모가 작은 회사였고 특별한 이슈가 없었기 때문에 증권사의 주목을 받지 못하고 있었다. 나는 증권가의 평가가 아닌 JW신약의 재무제표를 보았다. JW신약의 1분기 매출은 전년 동기(2019년 1분기)와 비슷한 수준이었지만 영업이익과 EPS(주당 순이익)가 크게 개선되었다. 나는 수익성이 나아지고 있다는 사실에 주목했고 이것이 주가 상승을 이끌어 줄 원

동력이 될 것이라고 생각했다. 한독의 주가보다 더 빨리, 더 높은 상승을 보여 줄 것이라고 기대하고 매수한 것이다. 그렇지만 결과는 어땠을까?

[표2-4]에서 확인할 수 있듯이, 한독은 6개월 동안 최고 +76% 수익률을 보여 줄 정도로 높이 치솟았고, JW신약은 같은 기간 동안 최고 +24%의 수익률을 보여 주었다. 심지어 JW신약은 대부분의 기간 동안 마이너스 구간에 머물렀고, 3개월 동안 주가 변동이 거의 없었다. 반면 한독은 1개월 26%, 3개월 57% 수익률이었다. 둘 사이에는 엄청난 수익률 차이가 나타난 것이다. [그림2-16]의 그래프를 보면 그 차이는 명확해 보인다. 심지어 나는 JW신약에서 수익은 고사하고 손절을 하고 나왔다.

[그림2-16] 한독과 JW신약의 주가 추이 비교. 2020년 5월 29일~9월 30일

SCI평가정보는 매우 매력적으로 보였지만, 1차 포트폴리오 구성에서 데이터 3법 관련한 종목들을 배제한 바 있기에 이번에도 최종적으로 배제하였다. SCI평가정보에 대한 정보가 부족했다는 점도 매수를 주저하는 데 한몫했다. 시장에 정보가 알려지지 않더라도 주가에 영향을 주는 중요한 정보들은 주가에 반영된다는 점을 감안하면서 과감히 매수했다면 좋은 수익을 올릴 기회를 가질 수 있었겠지만 그러지 못했다. 리스크를 줄이기 위해서는 어쩔 수 없는 선택이었다는 변명을 해 본다.

SCI평가정보는 조정을 끝낸 뒤 2020년 6월 말부터 급등했다. 나에게는 크나큰 상대적 박탈감을 안겨 준 종목이다. 그 외에 이지웰, 넥슨지티 등 2차 포트폴리오 구성에서 제외된 종목들은 하나같이 큰 상대적 박탈감을 안겨 주었다. 나는 온라인 쇼핑과 게임 회사들의 상승 가능성을 너무 낮게 평가했다. 그동안 덜 주목받은 종목이 관심을 받게 되면 높은 상승을 할 수도 있으니, 덜 주목받는 것에 관심을 가져 보자는 생각을 한 것이다.

탐욕과 오만함으로 무장하고 계좌 이름을 실험 계좌라고 이름 붙였다고 해서 너무 실험적으로 한 것이 문제였다.

DMS는 하반기 OLED 시장 회복에 대한 기대감과 풍력 발전 이슈에 대한 수혜가 있을 것으로 생각하고 매수를 진행했다. 물론 풍력 발전 테마만 바라보고 매수를 한 것은 아니다. 애초에 풍력 발전 테마를 염두에 두고 종목을 골랐다면 동국S&C를 매수해야 했다. 앞서 제시한 2020년 5월 말 기준 종목 리스트인 [표2-4]에서도 동국S&C를

종목명	기간 중 매수			기간 중 매도			매매비용	손익금액	수익률 ▼
	수량	평균단가	매수금액	수량	평균단가	매도금액			
노바렉스	0	0	0	176	32,343	5,692,500	15,606	1,354,802	31,23
서흥	0	0	0	110	49,811	5,479,250	15,041	1,078,802	24,52
파이오링크	0	0	0	84	14,300	1,201,200	3,311	5,800	0,49
JW신약	630	5,560	3,503,000	0	0	0	0	0	0,00
DMS	650	5,678	3,690,700	0	0	0	0	0	0,00
대한제강	496	7,504	3,722,250	0	0	0	0	0	0,00
한컴MDS	295	12,256	3,615,600	0	0	0	0	0	0,00
윙스	25	17,400	435,000	0	0	0	0	0	0,00
키다리스튜디오	0	0	0	208	6,240	1,297,920	3,611	-208,200	-13,82

[그림2-17] 두 번째 포트폴리오 구성 당시 매매 내역(5월 말~6월 초).
JW신약, DMS, 대한제강, 한컴MDS를 매수했다.

종목명	기간 중 매수			기간 중 매도			매매비용	손익금액	수익률
	수량	평균단가	매수금액	수량	평균단가	매도금액			
KG모빌리언스	0	0	0	210	11,650	2,446,500	6,684	551,300	29,09
다날	0	0	0	92	3,705	340,860	943	-54,092	-13,70
JW신약	0	0	0	630	4,565	2,876,500	8,060	-626,499	-17,88
DMS	0	0	0	150	4,805	720,770	2,019	-130,930	-15,37
대한제강	0	0	0	496	6,346	3,147,680	8,816	-574,570	-15,44
한컴MDS	75	12,846	963,500	0	0	0	0	0	0,00
효성ITX	200	22,058	4,411,600	0	0	0	0	0	0,00
디알젬	223	18,669	4,163,250	0	0	0	0	0	0,00

[그림2-18] 두 번째 포트폴리오 구성 1개월 만에 JW신약, 대한제강 전량을 손절했다.
DMS는 모두 팔기에는 아까워서 일부만 매도했다.

확인할 수 있다.

2020년 5월 말, 동국S&C를 선택했다면 더 나았을지도 모른다. 결과적으로 동국S&C는 3개월 +71% 수익률, DMS는 3개월 +31%의 수익률을 보여 주었기 때문이다. 어쨌거나 주식 시장에서 후견지명은 소용없다.

나는 DMS가 더 안정적일 것이라고 생각했다. 분기 실적은 개선되고 있었고, 하반기 애플의 OLED 아이폰의 출시에 대한 기대감과 LG전자, 삼성전자 등의 OLED TV 판매 호조 등에 힘입어 OLED 시장 상황이 개선되고 있다는 소식이 들려온다는 점이 긍정적이었다. 풍력 발전 사업과 자회사의 실적 개선도 긍정적인 요인이었다. 회사를 둘러싼 여러 환경적인 측면이 긍정적으로 전환되는 가운데 그린뉴딜의 풍력 발전 이슈는 DMS 주가 상승의 촉매제 역할을 할 수 있을 것이라는 생각에 매수를 진행한 것이다. 그러나 DMS는 나의 기대를 저버리고 2개월 동안이나 큰 실망을 안겨 주었다. (중간에 일부 손절하긴 했지만 끈기 있게 기다리고 추가 매수를 한 덕분에 수익을 챙길 수 있었다.)

한컴MDS는 IoT(Internet of Things, 사물인터넷) 시장의 성장과 자율주행자동차에 대한 기대감이 높아지는 상황에서 실적 성장이 가시화될 것으로 예상한 기업이다. 열화상카메라와 관련된 사업도 하고 있는데, 코로나19로 인해서 전국의 공공기관 및 각종 시설에 열화상카메라가 설치됨에 따라 실적이 증가할 것으로 예상하고 매수를 진행했다. 하지만 주가는 매수 초기에 잠시 상승세를 보여 주었을 뿐 곧이어 하락했다.

대한제강은 철근을 만드는 기업이다. 철강 산업이 전체적으로 침체에 빠져 있지만, 2020년 하반기부터 S.O.C 건설이 본격화되면 철근의 수요가 증가할 것이고, 2분기 들어서 철근의 가격이 상승하고 있다는 소식이 있어 매수를 진행했다. 특히 경제 회복을 위해 국가적으로 S.O.C 사업을 대대적으로 추진하고, 3기 신도시 건설 등으로 인해 향후 철근 수요가 증가할 것이라는 기대를 했다.

하지만 아직 실현되지 않은 불확실한 미래에 대한 기대감이 컸다. 대한제강은 조급함과 욕심이 앞선 투자였기 때문에 완전한 실패를 했다. 인수합병 이슈로 주가가 급등하여 10% 정도 수익 구간에 진입했을 때 매도를 고민했고, 미련 없이 털어야 했지만 그러질 못했다.

그러다가 결국 손절을 하고 나왔다.

손절하고 나온 결정적 계기는 효성ITX가 더 매력적으로 보였기 때문이다. 손실은 빨리 끊고, 상승하는 주식에 올라타서 손실을 만회해야 한다는 생각으로 JW신약과 대한제강을 매도하고 효성ITX, 디알젬 등을 매수했다.

[그림2-19] 효성ITX 주가 차트. JW신약과 대한제강 매도 후 효성ITX 매수

두 번째 포트폴리오 구성에서 투자가 실패한 가장 큰 원인은 탐욕과 조급함 때문이었다. 현실을 직시하고 수익을 차근차근 쌓아 나갈 생각을 한 것이 아니라 그저 기대감과 이상에 기댄 채 주가가 빠르게 상승하기를 바랐던 마음이 컸기 때문에 실패한 것이다.

특히 첫 번째 포트폴리오의 3종목(서흥, 노바렉스, 디알젬)에서 예상했던 것보다 좋은 결과를 얻어 내면서 두 번째 포트폴리오 구성에서도 손쉽게 목표를 달성하고자 하는 마음이 컸다. 시장 상황과 주가 흐름이 예상과 달리 흘러가자 조급한 마음이 생긴 것도 큰 문제였다.

시장에서는 기다림의 시간이 필요할 때가 있음에도 불구하고 높은 성과만을 바라면서 기다리지 못했고 초심을 잃은 것이 종목 선정과 매매 실패를 불러왔다. 탐욕과 조급함을 버리고 천천히, 꾸준히 쌓아가는 것이 중요하다는 것을 되새기는 과정이었다. 두 번째 포트폴리오 구성과 투자 실패 이후 매매 전략을 조금 수정하였다. (30%룰과 15%손절룰 폐기)

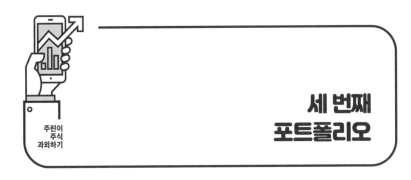

마지막 종목 선정

2020년 9월, DMS와 효성ITX를 전량 매도했다. DMS는 풍력 발전 이슈로 인해서 주가가 크게 오르면서 한때 수익률이 100%를 넘어가기도 했으나, 고점에서 매도하지는 못했고 고점을 찍은 이후 분할 매도하였다. 효성ITX 역시 한때 50%를 넘나드는 높은 수익률을 기록했지만 추세적으로 하락 추세에 접어들었다고 판단하고 전량 매도했다. 판단이 다소 늦은 것이 아쉬울 따름이다.

2020년 7월 말에 매수했던 디알젬의 남은 물량을 미처 처분하지 않고 있다가, 뒤늦게 처분하느라 손실을 보았다. 이것은 나의 뼈아픈 실수이다. 애초에 8월 14일, 2분기 실적 발표 전에 처분할 생각이 있었는데, 8월에는 개인적으로 바쁜 시간을 보내느라 계좌 운용에 크게 신경을 못 썼고 시간은 흐르면서 주가도 함께 흘러내렸다.

종목명	기간 중 매수			기간 중 매도			매매비용	손익금액	수익률
	수량	평균단가	매수금액	수량	평균단가	매도금액			
DMS	0	0	0	690	10,071	6,949,300	18,652	2,779,571	66.66
윈스	0	0	0	10	21,050	210,500	568	49,078	30.40
효성ITX	0	0	0	200	25,316	5,063,250	13,774	651,650	14.77
후성	488	10,224	4,989,600	8	10,800	86,400	226	4,603	5.63
태림포장	1,124	4,708	5,292,590	0	0	0	0	0	0.00
아이쓰리시스템	172	24,270	4,174,600	0	0	0	0	0	0.00
윌링스	160	17,490	2,798,550	0	0	0	0	0	0.00
디알젬	0	0	0	180	18,150	3,267,000	9,093	-293,063	-8.23

[그림2-20] 2020년 9월 마지막 포트폴리오 구성

2020년 9월에 새롭게 편입한 종목은 후성, 태림포장, 아이쓰리시스템, 윌링스 4개이다.

후성은 반도체 및 2차 전지 소재와 관련해서 하반기 턴어라운드가 기대되는 종목이며, 아이쓰리시스템 역시 적외선 센서 업체로서 하반기 이후 실적 개선이 기대되는 종목이다. 태림포장은 골판지 상자 제조 업체로서 택배 물동량 증가로 인한 실적 개선 본격화가 나타날 것으로 기대되는 종목으로 편입했으며, 윌링스는 에너지저장장치(ESS) 관련 사업을 영위하는 기업으로서 영업이익률이 개선되는 기업이라는 점에서 편입했다.

두 번째 포트폴리오 구성에서 경험했던 실패를 교훈 삼아 좀 더 길게 보는 포트폴리오를 구성하려 했고 이익이 개선되는 종목들을 위주로 선정하였다.

2020년 9월 말 기준으로 포트폴리오에 담긴 종목은 태림포장, 한컴MDS, 후성, 윈스, 아이쓰리시스템, 윌링스 6개 종목이다. 해당 종목들이 9월 이후 어떤 움직임을 보여 주었는지 확인하는 것은 독자들의 몫으로 남겨 놓겠다.

"성공은 실패의 씨앗을 품고 있고,
실패는 성공의 씨앗을 품고 있다."

· 하워드 막스 ·

3부

더 나은 매매를 위한 생각들

실험 계좌
수익률

결과를 확인하다

[그림3-1]은 계좌를 운용하기 시작한 시점 이후 6개월 동안의 실험
계좌 수익률 및 잔고 추이를 나타낸 것이다(검은색 선). 2020년 4월 말,
2,000만 원으로 시작한 이후 계좌 잔고는 상승과 하락을 반복했다.
누구나 생각하는 이상적인 모습은 매끈한 우상향의 그림이겠지만 현
실에서 마주하는 것은 수많은 굴곡이다. 그나마 다행스러운 것은 추
세적으로 우상향하는 모습이다.

수익률 추이를 보면 오를 때 빠르게 오르고, 내릴 때 급격하게 내
리는 모습을 확인할 수 있다. 계좌 수익률이 오르고 내리는 범위는
시장의 움직임보다 컸다. 즉 시장 전체 변동성보다 큰 모습, 오를 때
는 시장보다 많이 오르고 내릴 때는 시장보다 많이 내렸다는 뜻이
다. (이런 움직임은 일반적인 현상이다. 보통 개별 종목은 시장 전체 움직임보다 변

[그림3-1] 실험 계좌 수익률 및 잔고 추이. 코스피·코스닥과 비교

동성이 크다.)

전체적인 시장의 움직임보다 변동성이 큰 구간을 살펴보면, 2020년 5월 초 상승과 이후 하락 조정 시기가 그랬고, 8월 초 상승과 8월 중순의 조정, 그리고 9월 초 상승과 9월 중순 이후의 조정 시기가 그랬다. 시간이 지날수록 자산의 규모가 서서히 늘어났고, 그에 따라 변동폭도 커졌다는 것을 확인할 수 있다.

운용 자산의 변화 추이 그래프에서 특이점을 찾는다면 2020년 5월 중순 이후 2개월 정도는 별다른 상승을 보여 주지 않았다는 것이다. 이는 앞서 이야기했듯이 두 번째 포트폴리오 구성의 실패 여파가 컸기 때문이다. 그나마 다행스러운 것은 7월 중순 이후 보유 종목들의 주가가 상승하면서 시장 수익률을 웃돌았고, 9월 초에는 계좌 전체 수익률이 잠시 50%를 돌파하기도 했지만(장중에 계좌 잔고가 3,000만 원을 넘어섰지만, 장 마감 후에 3,000만 원 밑으로 떨어졌다.), 곧이어 찾아온 9월 중순 조정은 계좌에 큰 타격을 주었다. (9월 중순부터 말 사이에 생겨난 역대급 기울기의 높은 절벽을 보라! 오를 땐 힘들게 오르지만 내리는 것은 순식간이다.)

그동안의 성과를 정리해 보면 다음과 같다.

6개월 동안 최종적으로 26.2%의 수익률을 기록했고 잔고는 약 2,523만 원이다. 6개월 동안 523만 원의 수익을 올린 것이다. 최고 수익률은 2020년 9월 10일에 기록한 47.1%였는데, 이날은 장중 평가 금액이 3,000만 원을 넘어서기도 했다. 하지만 이날 이후 시장 전체적으로 조정 국면에 접어들면서 수익의 많은 부분을 시장에 되돌려 주었다.

실험 계좌 운용 기간 동안 코스피 지수는 21.2% 상승했으며, 코스닥 지수는 26.9% 상승했다. 코스피와 코스닥 상승률의 평균은 24% 였다.

수익률 추이 그래프를 보면 대체로 코스닥 지수 상승률과 비슷한 움직임을 보이는데, 내가 매매를 하면서 코스닥과 코스피를 구분한 것은 아니지만 주로 소형주 매매를 했기 때문에 소형주 중심의 코스닥 지수 움직임과 비슷한 흐름을 보여 준 것이라고 할 수 있다. 실제로 코스피 중소형주 지수는 코스닥 지수와 유사한 움직임을 보인다.

계좌 전체 수익률 면에서 아쉬운 점은 단연 2차 전지, 반도체 관련주를 의식적으로 편입하지 않았던 점이다. 2020년 4월부터 9월 '테슬라 배터리 데이'가 있기 전까지 2차 전지 관련주들은 시장 수익률을 훨씬 웃도는 성과를 보여 주었고, 시장이 전체적으로 조정을 거칠 때도 꾸준히 유입되는 매수세 덕분에 크게 하락하지는 않았다.

시장의 주도주를 계좌에 담지 않은 탓에 수익률이 예상보다 저조했다는 점이 매우 아쉬우며, 포트폴리오를 구성할 때 '주도 업종'을 담는 것이 중요함을 다시 한 번 실감하는 계기가 되었다. 주도 업종의 존재 여부, 즉 높은 상승률을 보여 주는 종목 1~2개가 있느냐 없느냐에 따라서 계좌 수익률은 크게 달라질 수 있다.

무엇이 최선일까. 이것이 최선일까?

그럴 수도 있고, 그렇지 않을 수도 있다. 비교적 단순하게 박스 모멘텀 전략만을 사용해서 6개월 동안 26%의 수익을 올렸다. (독자에 따라서는 복잡한 과정이라고 느낄 수도 있다. 그렇지만 익숙해지면 또 다르게 느껴질 것이다.) 6개월 26% 수익률이라는 숫자를 연률로 환산하면 52%가 되고 충분히 만족을 느낄 만한 사람도 있다. 그러나 누군가는 같은 기간 더 높은 수익을 올렸을 수도 있고, 26%라는 숫자가 만족스럽지 못할 수도 있다.

어떻게 하는 것이 최선일까? 여기에서 어떻게 하면 좀 더 나은 성과를 만들어 낼 수 있을까? 투자자의 숙명이 수익률을 높이기 위해 노력하는 것이라면 좀 더 나은 최선의 방법에 대해 생각해 볼 필요도 있다.

좀 더 이야기를 이어 가 보자.

6개월의 시간,
실험 계좌를 회상하며

장기투자가 답일까?
실험 계좌와 매수&홀딩 종목에 대한 생각

나는 기본적으로 장기투자를 지향한다. 필자의 이전 책인 『4차 산업혁명 주식투자 인사이트』에서도 장기투자의 중요성을 피력했고, 유튜브 채널 「자유일튜브THE : 경제적 자유를 위하여」에서도 장기투자를 하면서 편하게 투자해야 한다고 자주 이야기했다. 이런 점에서 볼 때, 내가 이 책에서 박스 모멘텀 전략을 소개하면서 쉽고 간편한 매도 방법으로 '3개월 보유'를 이야기하는 것은 모순처럼 보이기도 한다. (3개월 보유가 효과적일 수 있는 이유는 뒤에서 다루었다.) 그렇지만 오해는 하지 말기를 바란다. 박스 모멘텀 전략은 하나의 전략이다.

박스 모멘텀 전략은 무엇인가? 이익이 상승하고 있고 박스권을 상향 돌파하며 52주 신고가를 기록하는 종목을 주목하는 것이다. 52주 신고가를 기록하는 종목, 오랜 기간 갇혀 있던 박스권을 탈출하는 종목은 분명 탈출의 이유가 존재한다.

비록 우리가 '그 이유'가 무엇인지 잘 알지 못하더라도 이유는 존재하고 주가는 상승하는 것이다. 박스 모멘텀 전략은 투자자들이 알지 못하는 사연을 품고 오르는 종목, 이익이 상승하면서 신고가를 경신하는 종목을 손쉽게 잡아내는 하나의 방법이다.

추세적으로 상승 국면에 접어든 주식은 쉽게 그 추세가 꺾이지 않는다. 짧게는 3~6개월, 그리고 1년 이상 그 추세가 계속되는 경우도 많다. 그런 면에서 큰 수익을 안겨 줄 수 있는 종목들은 최대한 길게 가져가는 것이 좋다. (1부에서 소개했던 모멘텀 투자 대가들의 조언을 기억하라!)

3개월에 한 번씩 박스 모멘텀 조건 검색을 이용해서 종목을 발굴한다고 하더라도, 지속적으로 신고가를 경신하면서 상승하는 종목들은 '52주 신고가 조건'에 부합하기 때문에 계속해서 매수 종목 리스트에 나올 수도 있다. (2부의 90쪽 [표2-2]와 118쪽 [표2-4] 종목 리스트를 비교해 보면 중복되는 종목이 있다.) 그런 종목들은 3개월 보유 전략을 사용한다고 하더라도, 3개월 뒤에 3개월 더 보유할 수도 있는 것이다. 즉 장기 보유 종목이 될 수가 있다는 것이다.

박스 모멘텀 전략의 조건에 부합하는 종목들은 불확실성 속에서도 기본적인 상승의 조건을 갖춘 것들이라 볼 수 있고, 이런 종목들을 자주 매매하기보다는 '장기 보유'의 관점에서 접근한다면 오히려 더 큰 수익 기회로 만들 수가 있다. 실제로 나는 종목을 발굴하고, 확연히 상승 추세를 보여 주는 종목은 추가 매수(불타기)를 진행한다.

52주 신고가 종목, 박스권 탈출 종목에는 더 높은 점수를 부여한다. 이들 종목은 확률적으로 하락하기보다는 상승하는 경우가 많기 때문에 상승 추세가 굳어지면서 지속적으로 상승한다는 쪽에 베팅하는 것이다. 물론 무조건적인 믿음을 가지면 안 되겠지만 확률적으로 그렇다는 것이고 실제 성과에서도 더 나은 성과를 보여 주는 경우가 많다. (갑작스런 악재가 등장하여 주가가 급락할 수도 있으니 항상 조심해야 한다.)

나는 최대한 단순하게 매매를 하려 한다. 실전 투자에서 '박스 모멘텀 전략'을 적극적으로 사용하고 여러 가지 요소를 매매 판단에 활용한다.

[그림3-2] 피엔티 주가 차트와 내가 매수를 진행한 지점(노란색 박스)

263	자유it-kb		****	종목합산	평균단가	∨	종목검색	∨	Q	이체	⚙	?	!

	종목명 ▼	평가손익	손익률	보유잔고	매도가능	평균단가	현재가	매입금액	평가금액
피엔티	38,032,799	111.37	3,009	3,009	11,350	24,050	34,152,735	72,366,450

매매건별 리스트

구분	종목코드	종목명 ▼	매수일자	매수수량	매수단가	매수금액	매도일자	매도수량	매도단가	매도금액	손익	수익률
현보	137400	피엔티	2020/02/12	88	10,478	922,064		0	23,350	0	1,132,736	122.8
현보	137400	피엔티	2020/02/13	107	11,135	1,191,445		0	23,350	0	1,307,005	109.7
현보	137400	피엔티	2020/02/14	5	11,450	57,250		0	23,350	0	59,500	103.9
현보	137400	피엔티	2020/02/20	400	12,056	4,822,400		0	23,350	0	4,517,600	93.7
현보	137400	피엔티	2020/02/21	200	12,140	2,428,000		0	23,350	0	2,242,000	92.3
현보	137400	피엔티	2020/03/09	157	9,418	1,478,626		0	23,350	0	2,187,324	147.9
현보	137400	피엔티	2020/03/09	435	5,143	2,237,205		0	23,350	0	7,920,045	354.0
현보	137400	피엔티	2020/04/06	32	7,350	235,200		0	23,350	0	512,000	217.7
현보	137400	피엔티	2020/04/17	11	9,890	108,790		0	23,350	0	148,060	136.1
현보	137400	피엔티	2020/06/15	315	11,825	3,724,875		0	23,350	0	3,630,375	97.5
현보	137400	피엔티	2020/06/18	20	11,463	229,260		0	23,350	0	237,740	103.7
현보	137400	피엔티	2020/06/22	30	11,983	359,490		0	23,350	0	341,010	94.9
현보	137400	피엔티	2020/06/23	200	12,350	2,470,000		0	23,350	0	2,200,000	89.1
현보	137400	피엔티	2020/07/02	325	12,572	4,085,900		0	23,350	0	3,502,850	85.7
현보	137400	피엔티	2020/07/07	335	14,613	4,895,355		0	23,350	0	2,926,895	59.8
현보	137400	피엔티	2020/07/07	19	14,400	273,600		0	23,350	0	170,050	62.2
현보	137400	피엔티	2020/07/10	111	14,936	1,657,896		0	23,350	0	933,954	56.3
현보	137400	피엔티	2020/07/15	130	13,935	1,811,550		0	23,350	0	1,223,950	67.6
현보	137400	피엔티	2020/07/15	130	13,935	1,811,550		0	23,350	0	1,223,950	67.6
현보	137400	피엔티	2020/07/16	80	14,081	1,126,480		0	23,350	0	741,520	65.8
현보	137400	피엔티	2020/07/23	9	14,450	130,050		0	23,350	0	80,100	61.6

[그림3-3] 내가 운용 중인 한 계좌에서의 피엔티 매매 내역(바이&홀딩 장기포지션 계좌)

[그림3-2]는 2차 전지 관련 장비 기업 중 하나인 '피엔티'의 주가 차트이고, [그림3-3]은 실제로 내가 운용하는 한 계좌에서 피엔티를 매매한 내역이다. 피엔티는 초보 투자자라도 쉽게 이해할 수 있는 아주 간단한 사례라고 할 수 있기에 소개해 본다.

피엔티는 주변 지인들에게 '롱포지션(매수)' 종목으로 이야기한 바 있고, 나도 조금씩 매수를 진행했다. 다만, 매매 내역을 보면 매수의 적기처럼 보이는 2020년 4~5월에는 피엔티에 대한 매수 내역이 없는데, 이때는 다른 목적으로 운용되는 다른 계좌에서 피엔티에 대한 매매를 진행하느라 이 계좌에서는 6월부터 매수에 들어갔다는 점을 미리 밝혀 둔다. (나는 다양한 목적과 전략에 따라 계좌를 여러 개 가지고 있는데, [그림3-3] 계좌는 접속을 잘 하지 않는 소위 '방치 계좌'이다. 즉 한 번 매수하면 매도를 잘 하지 않는 매수&홀딩 계좌이다.)

박스 모멘텀 전략의 관점에서 피엔티에 접근해 본다면 어떤 행동을 취할 수 있을까?

피엔티가 신고가를 기록하면서 상승하기 시작하는 지점은 2020년 2월 초이다. 나는 박스 모멘텀 전략의 기본 원리에 따라서 박스권을 뚫고 상승하는 지점에서 매수를 진행했다. 피엔티는 단기간에 빠른 상승을 보여 주었지만, 곧바로 코로나19로 인한 3월 대폭락이 찾아왔고 주가는 하염없이 떨어졌다.

2020년 3월 대폭락으로 주가가 떨어질 때 어떤 생각을 했을까? 절망에 빠져 시장을 떠나야 할 때라고 생각했을까? 매매 내역을 보면 그게 아니었다는 것을 알 수 있다. 물론 2부에서 소개한 손절의 기준을 따른다면 매도 후 관망이 맞지만, 3월 팬데믹으로 인한 폭락은 비정상적인 하락이라고 판단했다. 오히려 이 기간이 매우 싸게 주식을 살 수 있는 할인 기간이라고 생각한 것이다. 물론 이 계좌에 현금이 충분하지 않았기 때문에 많이 매수하지는 못했다.(나는 빚투를 하지 않는다.)

2020년 4월과 5월, 피엔티의 주가는 얕은 조정이 있었지만 지속적으로 상승했다. 그리고 5월 말~6월 초에는 전고점(2월 고점)에 도달했고, 그 이후 잠시 조정을 받았다. 나는 이때가 전고점 매물대 물량을 소화하는 구간이라고 생각했고 이 계좌에서 본격적으로 피엔티 매수에 나섰다.

아침에 잠시 주식 앱에 접속해서 호가별로 매수 주문을 넣어 두는

식이었다. 주가가 언제까지 조정을 받을지 명확히 알 수 없었기에 분할 매수로 대응했다. 그렇게 생각날 때마다 계좌에 접속해서 한 달 정도 매수했다. 그 이후로는 아무것도 하지 않고 가만히 놔뒀다.

나는 더 이상 계좌에 손대지 않고 그저 내 할 일만 했다. 매수를 멈춘 이후 어떻게 되었나? 아직 모든 것이 끝나지 않았지만, 이 글을 쓰고 있는 시점을 기준으로 볼 때는 성과가 그리 나쁘지 않아 보인다.

피엔티를 비교적 오랫동안 분할 매수했고(2020년 2월부터 7월까지 생각날 때마다 매수) 2020년 9월 29일을 기준으로 평균 수익률은 111%를 기록했다. 매수 시기별로 봤을 때 최고 수익률은 345%였다. 2020년 3월 중순에 매수한 물량은 11월까지 4.5배 상승한 것이다.

이 사례를 통해 2가지 가르침을 얻을 수 있다. 하나는 아주 뛰어난 종목이 아니더라도 '괜찮은 종목'을 고르면 시장 수익률을 훨씬 웃도는 좋은 수익률을 거둘 수 있다는 것이고, 나머지 하나는 상승 추세가 살아 있다면 아무것도 하지 않는 것이 어쩌면 수익률을 더 높이는 방법이 될 수도 있다는 것이다. (추세가 살아 있는지 아닌지를 파악하는 방법에 관한 이야기는 4부 '더 나은 투자자가 되기 위한 얕고 넓은 지식'의 '보조지표 MACD'에서 다루었다.)

물론 모든 결과가 이렇게 아름답지는 않다. 다음 사례를 보자.

볼 때마다 마음이 아픈 종목이 몇 개 있다. 그중 하나가 대보마그네틱이다(2020년 9월 29일 기준). 대보마그네틱은 피엔티와 마찬가지로 2차 전지 장비주로 분류된다. 주력 제품으로 전자석 탈철기가 있다.

대보마그네틱은 탈철 장비 세계 시장 점유율 1위 기업이다. 전자석 탈철기는 전기차 배터리를 만들 때 금속 이물질을 제거하기 위해 사용된다.

다만, 탈철 장비 시장의 규모가 크지 않아서 매출이 높은 기업이 아니라는 점이 단점이다. 그러나 시장이 작아 매출 규모가 작음에도 불구하고 이익률이 높은 편이라는 점에서 나는 대보마그네틱을 긍정적으로 평가했고 매수를 진행했다. 물론 [그림3-5]에서 볼 수 있듯이 수익률 측면에서는 많이 아쉬운 종목이다.

[그림3-4] 차트를 보면 2020년 9월 중순 이후, 주가가 순식간에 고점 대비 반 토막 수준까지 떨어진 것을 확인할 수 있다. 9월 초까지 비교적 좋은 흐름을 보여 주던 대보마그네틱의 주가는 테슬라 배터리 데이가 끝난 후, 9월 23일에 -14% 하락, 9월 24일에는 -18%까지 급락했고 그 이후에도 주가가 큰 폭으로 하락했다.

[그림3-4] 대보마그네틱 분할 매수 구간

계좌 009-	장우진	****	○전체 ○일반 ○신용 ○대출 ○개별 ◉합산 ☑매매비용	조회	일괄매도	유의

종목명	구분	보유량	주문가능	평균단가	현재가	매입금액	평가금액	평가손익	수익률▲	매매비용
대보마그네틱		800	800	35,181	31,950	28,076,800	25,011,810	-3,064,990	-10.92	68,19

일자	종목명	기간 중 매수			기간 중 매도			매매비용	손익금액	수익률
		수량	평균단가	매수금액	수량	평균단가	매도금액			
2020/09/04	대보마그네틱	18	40,408	727,350	0	0	0	0	0	0.00
2020/09/03	대보마그네틱	39	42,148	1,643,800	0	0	0	0	0	0.00
2020/09/02	대보마그네틱	43	44,272	1,903,700	0	0	0	0	0	0.00
2020/08/28	대보마그네틱	9	31,850	286,650	0	0	0	0	0	0.00
2020/08/25	대보마그네틱	41	34,091	1,397,750	0	0	0	0	0	0.00
2020/08/19	대보마그네틱	50	31,400	1,570,000	0	0	0	0	0	0.00
2020/08/11	대보마그네틱	99	37,100	3,672,900	0	0	0	0	0	0.00
2020/07/31	대보마그네틱	101	36,544	3,691,000	0	0	0	0	0	0.00
2020/07/31	대보마그네틱	12	33,479	401,750	0	0	0	0	0	0.00
2020/07/30	대보마그네틱	8	32,368	258,950	0	0	0	0	0	0.00
2020/07/29	대보마그네틱	5	32,710	163,550	0	0	0	0	0	0.00
2020/07/23	대보마그네틱	2	33,775	67,550	0	0	0	0	0	0.00
2020/07/22	대보마그네틱	9	33,333	300,000	0	0	0	0	0	0.00
2020/07/21	대보마그네틱	2	34,100	68,200	0	0	0	0	0	0.00
2020/07/17	대보마그네틱	14	32,450	454,300	0	0	0	0	0	0.00
2020/07/16	대보마그네틱	38	33,110	1,258,200	0	0	0	0	0	0.00
2020/07/15	대보마그네틱	1	33,750	33,750	0	0	0	0	0	0.00
2020/07/14	대보마그네틱	14	34,614	484,600	0	0	0	0	0	0.00
2020/07/10	대보마그네틱	25	35,090	877,250	0	0	0	0	0	0.00
2020/07/09	대보마그네틱	165	33,316	5,497,250	0	0	0	0	0	0.00
2020/07/08	대보마그네틱	99	31,601	3,128,550	0	0	0	0	0	0.00
2020/06/19	대보마그네틱	1	27,500	27,500	0	0	0	0	0	0.00

[그림3-5] 대보마그네틱 매수 내역과 수익률 현황

순식간에 주가가 떨어지면서 평가 손실이 눈덩이처럼 불어날 때 심정이 어떨까? 믿었던 사람에게 배신을 당한 느낌이 들 수도 있다. 좋은 수익을 안겨 줄 것으로 기대했는데 손실만 안겨 주고 있으니 쳐다보기도 싫을 수 있다. 불과 며칠 전만 해도 창창한 미래가 있을 것처럼 보였던 종목이 못난이로 돌변했으니 실망이 더욱 클 수도 있다.

피엔티와 대보마그네틱은 구체적인 사업 분야는 다르지만 2차 전지 장비주로 분류된다. 같은 2차 전지 장비주임에도 불구하고 상승폭과 하락폭에서 큰 차이가 나는 것을 확인할 수 있다. 더욱이 두 종목은 비슷한 시기에 매수를 진행한 것이다. 피엔티는 2020년 6~7월에 집중적으로 매수했고, 대보마그네틱은 7~8월에 집중적으로 매수했다. 불과 한 달 정도의 시차가 있을 뿐이다.

두 종목의 수익률은 각각 +111%와 -11%이다. 수익률에서 122% 차이가 난다. 평가손익으로 따지면 3,800만 원 수익과 -300만 원 손실이다. 불과 한 달 차이, 그리고 어느 종목을 선택했느냐에 따라서 수익은 4,000만 원 정도 차이가 난다. (대보마그네틱의 매수를 시작할 때 목표 물량을 1,000주로 잡고 매수를 진행했는데, 물량을 다 채웠더라면 손실은 더욱 컸을 것이다! 물론 긍정의 마인드로 주가가 떨어진 상황을 생각한다면 매수 기회라고 말할 수도 있다.)

이런 현상을 어떻게 받아들여야 할까? 사실, 이런 현상은 우리가 시장에서 쉽게 접할 수 있는 것이다. 내가 산 것은 안 오르고 내가 사지 않은 것만 올라서 상대적 박탈감을 느껴야 하는 경우도 마찬가지라고 할 수 있다. 좋은 기업을 골랐다고 생각했는데, 예상치 못한 악재로 인해서 주가 급락을 맞이해야 하는 경우도 흔히 일어난다.

그렇기 때문에 단순하게 매매하든, 복잡하게 매매하든 좋은 기업을 고르려고 애써야 하고, 적절히 자금을 분산해서 리스크를 줄이고, 장기적인 관점으로 시장에 접근하면서 수익을 추구해야 한다.

중요한 것은 결국 '종목 선택'이다

주식 시장에서 살아남는 것을 넘어서, 만족할 만한 수익을 올릴 수 있는 방법이 무엇인가?

정답은 하나다. 좋은 종목 고르기. 그것뿐이다.

궁극적으로 이 책을 보고, 주식 공부를 하려는 이유는 시장에서 살아남는 방법, 수익을 낼 수 있는 방법을 찾기 위해서이다. 우리가 하는 모든 행동의 종착지는 '좋은 종목'이다.

좀 더 구체적으로 말하자면 상승 추세에 편승한 '좋은 종목'을 고르는 것이다. 상승 추세가 살아 있는 한 좋은 종목을 최대한 오랫동안 보유하면서 수익을 극대화하는 전략이다. 오히려 그것이 포트폴리오를 정기적으로 바꾸거나, 자주 매매하는 것보다 더 나은 성과를 보여 줄 수도 있다. (자신의 본업에 미치는 영향도 사실상 제로가 될 수 있다!)

좋은 종목을 고르기 위한 하나의 도구로 박스 모멘텀 전략을 사용할 수 있고, 그 외에 가치투자의 방법론 중 일부를 활용할 수도 있다. 증권사 리포트를 보는 것도 도움이 될 수 있다. 좋은 종목을 고르기 위해서 활용할 수 있는 방법은 많고, 우리는 이를 사용해서 종목을 고르기만 하면 된다. 그러나 한 가지 명심해야 할 것이 있다. 모든 매매가 아름답게 끝나면 좋겠지만 시장에서는 어떤 돌발 악재가 등장할지 모른다는 것이다.

앞선 사례에서 살펴봤듯이, 대보마그네틱은 '테슬라 배터리 데이' 이후 주가가 큰 폭으로 빠졌다. 물론 장기적인 관점에서 전기차 시장 성장에 따른 수혜를 입을 수 있다고 생각할 수 있다. 하지만 순식간에 주가가 반 토막 가까이 하락했다.

그렇기 때문에 적절히 자금을 분산하면서 리스크 관리를 해야 한다. 리스크 관리를 하면 스트레스를 덜 받으면서 비교적 마음 편히 투자할 수 있다. 물론 대형 우량주의 경우에는 소형주에 비해 리스크가 작기 때문에 분산 투자 전략이 달라질 수 있다. 자신의 투자 성향과 투자 전략에 따라 리스크 관리 방법도 달라질 수 있는 것이다.

시장에서 편안하게 수익을 내면서 투자하는 방법이 뭘까? 어떻게 하는 것이 현명한 투자이고, 오랫동안 시장에서 살아남는 방법일까?

이 질문에 대한 답은 자기 자신에게 있다. 모든 기준은 스스로 정하고 실천해야 한다. 필자는 투자를 하면서 유용하게 쓸 만한 도구를 소개했다. 그리고 특정 매매 전략을 이용하여 어떻게 매매하면 좋을지에 대한 몇 가지 사례를 보여 주었다.

4부 '더 나은 투자자가 되기 위한 얇고 넓은 지식'에서는 2부에서 보여 준 매매를 하는 데 사용한 주식 투자 지식에 대해 다루었다. 이 내용은 기본적 분석과 기술적 분석에 관한 아주 보편적인 내용으로서 주식 투자자가 갖추어야 할 기본적인 지식에 해당하는 내용이다.

이 책의 4부까지 꼼꼼히 읽으면서 책에 실려 있는 내용을 자신의 것으로 만든다면, 분명 자신만의 투자 전략을 세울 수 있을 것이다. 자신이 스스로 세운 원칙과 기준을 지키려고 노력하다 보면 계좌 수익률 또한 높아질 것이며, 훌륭한 투자자로 거듭날 수 있을 것이다.

매도 : 익절, 그 아쉬움에 대하여

30% 수익 매도, 옳은 전략인가?

이제 매도에 대한 이야기를 해 보겠다. 나는 1부에서 매매 기준 3 가지를 정하면서 수익률 30%를 달성하면 익절을 하여 수익을 확정 짓는다고 하였다(20쪽). 그리고 실제로 노바렉스와 서흥이 수익률 30%를 넘어선 지점에서 분할 매도를 진행하여 최종적으로 노바렉스 31%, 서흥 24% 수익을 확정 지었다.

투자자가 희망하는 수익률, 즉 시장에 대한 기대치가 어느 정도인가에 따라서 30% 수익이 크다고 느끼는 사람도 있고, 작다고 느끼는 사람도 있을 수 있다. 30% 수익률을 두고 잘했다 못했다를 따지는 것은 중요하지 않다. 우리가 생각해야 할 것은 만약 기준점을 조금 달리했다면 30%보다 더 높은 수익을 낼 수 있는 기회가 있었을 것이라는 점이고, 30%룰을 적용하지 않았다면 노바렉스와 서흥을 좀 더 보유하면서 수익을 극대화할 수도 있었다는 점이다.

물론 이것을 두고 결과론적인 이야기로 치부할 수도 있지만, 이 문제는 투자를 하는 데 있어 아주 중요하게 생각해 봐야 할 사안이다. 특히 서흥, 노바렉스와 같은 시기에 매수한 디알젬은 매도 기준으로 30%룰을 적용하지 않고, 실적 발표일 매도라는 기준을 적용하였으며, 실적 발표일 이후 분할 매도하여 한 달이 채 되지 않는 기간 동안 46% 수익을 확정 지었다는 점에서 30%룰은 재고될 필요가 있었다.

고백하건대, 실제 나의 투자 원칙에는 '수익률 30% 도달 시 매도한다.'와 같은 기준이 없다. 그렇지만 나는 여기에서 30%룰을 적용하였다. (그리고 폐기했다.) 실험 계좌 운용에서 30%룰을 설정한 이유는 초보 투자자들에게 명확한 기준을 제시해 주는 것이 좀 더 쉽게 매매할 수 있는 방법이라 생각했기 때문이다. 30%룰은 매우 간단한 방법이기 때문에 쉬운 매매를 하는 데 있어서는 더 없이 좋은 규칙이다.

그러나 30%룰과 같은 규칙은 매매를 하는 데 있어 하나의 편리한 규칙이 될 수 있지만 궁극적으로는 투자의 절대적인 기준이 될 수 없다. 이것이 매도(익절)를 어렵게 하는 이유이기도 하다.

그렇다면 왜 30%룰이 절대적인 기준이 될 수 없는가? 어떻게 하는 것이 좀 더 현명한 매도 방법이며 후회하지 않는 방법이 될 수 있는가? 이 질문에 답을 해 봐야 한다.

시장에서 경험을 쌓아 나가면서 스스로 기준을 정하고 실행하는 것만이 후회를 최소화하는 길이지만, 초보 투자자들에게 조금이나마 도움이 될 수 있도록 질문에 대한 답을 해 본다.

30%룰의 가장 큰 단점은 무엇일까?

그것은 바로 '(나의)매수 시점'이 언제인가에 따라서 상황 판단이 달라질 수 있다는 점이다. 예를 들어 A라는 사람이 어떤 주식을 10,000원에 매수하였고, B라는 사람은 10,500원에 매수하였다고 가정해 보자. 주식이 올라서 13,100원이 되었을 때 A의 수익률은 31%가 되지만, B의 수익률은 24.8%가 된다. 이때 A와 B 둘 다 30%룰을 매매에 사용한다면 A는 매도를 할 것이지만 B는 홀딩을 하게 된다.

투자자	매수가	주가	수익률	포지션	이후 주가	최종 평가 수익률
A	10,000원	13,100원	31%	매도	10,000원	31%
B	10,500원	13,100원	24.8%	홀딩	10,000원	-4.8%

[표3-1] 30%룰 적용한 투자자 A와 B의 가상의 투자 상황

그렇지만 주가가 13,100원 고점을 찍고 다시 하락하여 10,000원이 된다면? 여기에서 30%룰의 첫 번째 문제를 발견할 수 있다.

30%룰은 매수 시점이 언제인가에 따라서 매도 시기가 달라질 수 있다. 어느 기업의 주가가 30%에 도달하지 않은 시점에 고점을 찍고 하락하는 경우라면 최악의 경우에는 손실 구간에 접어들어 손실을 보면서 고통스러워할 수도 있는 것이다.

두 번째 문제는 주가가 상승하여 수익률 30%에 도달했을 때 30%룰에 따라 주식을 매도했는데 그 이후로도 주가가 계속해서 상승하

여 추가적으로 수익을 누릴 수 있는 기회를 놓쳐 버린다는 것이다. 30% 수익을 확정 지으면서 매도한 이후, 계속해서 상승하는 주가를 보면서 상대적인 박탈감과 아쉬움을 느낄 수 있다.

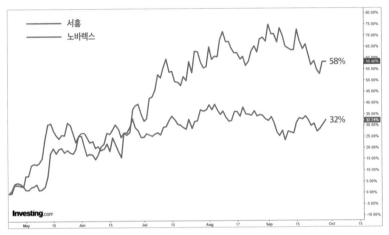

[그림3-6] 서흥과 노바렉스의 2020년 4월 말 이후 수익률 추이

내가 서흥과 노바렉스를 수익률 30% 부근에서 매도한 이후의 상황이 대표적인 예이다. 더욱이 30%룰에 따라 차익 실현을 하고 나서 다른 주식을 샀는데, 매수한 주식은 주가가 떨어지고 매도한 주식은 주가가 계속 올라갈 때 상대적 박탈감이 더욱 커지면서 고통 받을 수도 있다. 특히 박스 모멘텀 전략과 같은 추세 추종을 기반으로 하는 전략들은 이런 상황이 더욱 자주 발생할 수 있다는 점에서 나는 실험 계좌 운용에서 30%룰을 적용하는 것에 좀 더 신중했어야 했다. (1부 말미에 소개했던 모멘텀 투자 대가들의 말을 가슴에 새기자. 손절은 빠르게, 수익일

때는 최대한 늦게 팔아라!)

포트폴리오 종목 편입을 위한 종목 리스트 [표2-2](90쪽)와 [표2-4] (118쪽)를 보면, 1개월과 3개월 수익률에서 수익률 30%를 초과하는 종목이 상당히 많다는 것을 알 수 있다. 굳이 [표2-2], [표2-4]의 기간이 아니라 다른 기간에 검색되어 나오는 종목의 수익률을 확인해 봐도 많은 종목이 수익률 30%를 넘는다는 것을 확인할 수 있다. 즉 30% 수익률 달성 시 기계적으로 매도하는 것은 최소한 박스 모멘텀 전략에서는 수익률 극대화를 가로막는 요인이 된다고 할 수 있다.

그렇다면 언제 매도하는 것이 최고의 선택이 될 수 있을까?

누구나 '최고 수익률'을 달성한 시점에 매도하고 싶겠지만 그 시점을 정확히 잡아내는 방법은 존재하지 않는다. 필자는 이전 책인 『4차 산업혁명 주식투자 인사이트』와 유튜브 방송(매도의 기술 : 주식 매도·익절 타이밍 잡기)에서 '고점 신호와 매도법'에 대해서 이야기한 바 있지만 이 역시 쉬운 방법은 아니다. 그렇기 때문에 여기에서는 '최고'의 수익률은 아니더라도 '최선'의 수익률을 올릴 수 있는 좀 더 간단한 방법에 대해 이야기해 보겠다.

최고가 아닌 최선을 위한 매도법

최고가에 매도하지 않는 이상 매도는 항상 아쉬움이 남는 법이다.

그렇지만 시장에서 최고가에 매도하는 일은 매우 드물다. 그렇기 때문에 최고가 아닌 최선을 위한 매도법을 생각하는 편이 낫다. 단순하면서도 아쉬움이나 후회하지 않고 매도를 하는 방법이 무엇일까?

최선의 매도를 위한 하나의 방법으로 일정 기간 동안 보유하는 방법을 활용할 수 있다. 일정 기간 보유 후 매도하는 방법은 실제로 주식 시장에서 널리 사용되는 방법이며, 주식 투자 전략과 관련한 각종 연구 결과에서도 보유 기간에 따른 수익률을 바탕으로 연구 결과를 도출해 내기 때문에 보편적이면서도 간편한 방법이라 할 수 있다.

모멘텀 투자에 대한 여러 연구 결과에 따르면 모멘텀 전략이 가장 효율적으로 작동하는 기간은 12개월 정도라고 한다. 하지만 12개월이라는 기간은 바닥에서부터 상승 추세로 돌아선 뒤 상승을 지속하면서 고점에 이르는 하나의 상승 주기를 의미한다.

박스 모멘텀 전략은 추세가 전환되는 바닥에서 매수를 하는 것이 아니라, 추세가 전환되어 상승하는 주식을 사되 박스권 상단을 뚫고 올라서는 지점(52주 신고가)에서 매수를 진행한다는 점에서 일반적으로 모멘텀 전략이 유효한 기간(평균 12개월)보다 더 짧은 기간 상승 추세가 유지될 수 있음을 생각해야 한다. 바닥에서부터 사는 것이 아니라 무릎이나 허리에서 매수하는 것이기 때문이다.

앞서 2부에서 살펴본 조건 검색 종목 리스트 [표2-2]와 [표2-4]의 기간별 종목 수익률 평균을 확인해 보면, [표2-2] 리스트의 모든 종목의 1개월 평균 수익률은 11.90%, 3개월 수익률은 31.76%, 6개월 수익률은 26.25%이다. [표2-4]에 나타난 모든 종목의 1개월 평균 수익률은 4.84%, 3개월 수익률은 17.14%, 6개월 수익률은 27.10%이다.

	1개월	3개월	6개월
[표2-2] 종목	11.90%	31.76%	26.25%
[표2-4] 종목	4.84%	17.14%	27.10%

[표3-2] 기간별 수익률 비교(리포트 유무 구분하지 않고 모든 종목 합산)

개별 종목별로 큰 차이를 보이기도 하고 평균의 함정이 존재하지만 대체로 박스 모멘텀 전략의 조건 검색을 통해 나온 종목들은 1개월 보유보다는 3개월 보유 때 더 좋은 성과를 나타낸다는 것을 확인할 수 있다. 그리고 그 이후에 2~3개월을 더 보유하더라도 추가적으로 얻을 수 있는 수익이 처음 3개월을 보유할 때보다 더 낮다는 것을 알 수 있다.

따라서 너무 짧은 기간을 보유하는 것보다 3개월 정도는 보유하는 것이 수익을 극대화하는 하나의 방법이 될 수 있다. 보유 기간이 3개월을 넘어선 시점부터는 보유 기간 대비 상승률이 떨어지기 때문에 3개월 보유 후 매도하고 새로운 종목을 편입하여 3개월을 보유하는 것이 더 큰 이익을 만드는 전략이 될 수 있다.

사실, 3개월 보유 전략은 박스 모멘텀 전략이 아니더라도, 국내외에서 진행된 여러 가지 투자 전략에 관한 연구에서도 보유 기간 대비 수익률 면에서 효과적인 것으로 나타난 바 있다. 특히 3개월이라는 기간은 분기(3개월) 실적 발표를 하는 기간과 동일하다는 점에서 실적이 크게 증가한 종목을 발견할 수 있는 지점이 되기도 한다.

3개월 보유 후 매도 전략은 매매에 대한 부담을 낮출 수 있고, 포트폴리오를 규칙적으로 바꿀 수 있다는 점, 그리고 종목 교체 과정에서 감정의 개입을 최소화할 수 있다는 점에서 부담 없는 매매 방법이 될 수 있다. 3개월 보유 전략은 여러 가지 면에서 30%룰과 같이 수익률을 특정해 놓고 매매를 하는 것보다 더 나은 전략이 될 수 있다.

좀 더 나은 매도 전략을 세우기 위해 활용할 수 있는 또 다른 방법으로는 보조지표를 이용하는 방법이 있다. 보조지표 중에는 추세와 과열, 침체의 정도를 알려 주는 것들이 있다. 그중에서 가장 보편적으로 쓰이는 보조지표인 MACD를 이용하여 추세의 변화를 감지하고 이를 매매에 활용할 수 있다면 좀 더 나은 성과를 거둘 수 있다. 보조지표 MACD의 활용법은 자세한 설명이 필요하기 때문에 4부 '더 나은 투자자가 되기 위한 얕고 넓은 지식'에서 별도로 다루었다. 따라서 MACD 활용법은 4부를 참고하도록 하자.

매도 : 손절,
그 어려움에 대하여

손절이 어려운 이유

투자를 하다 보면 손절을 해야 할 때가 있다. 투자의 귀재로 불리는 워런 버핏, 월가의 영웅 피터 린치, 그리고 투자의 신으로 불리는 르네상스 테크놀로지의 짐 사이먼스도 손절을 피할 수는 없었다. 그러면서 그들은 투자자들에게 '손절'은 반드시 해야 하며 빠를수록 좋다고 이야기한 바 있다.

그렇지만 현실은 어떤가? 대다수의 투자자는 손절을 주저한다. 이것은 시대와 지역을 불문하고 전 세계 투자자들에게 공통적으로 나타나는 현상이다. 손절이 어려운 이유는 인간의 본성과 관련이 있기 때문이다.

행동경제학에서는 사람들이 '손절'을 하지 못하고 '존버'를 하는 이유를 '손실 회피 성향(Loss Aversion)' 때문이라고 설명한다. 인간은 본

능적으로 손실을 회피하고 싶어 하기 때문에 투자를 하면서 손절을 하지 못하고 심지어 '평가 손실률'을 줄이기 위해서 떨어지는 주식에 물타기를 하는 경향을 보인다는 것이다. (떨어지는 칼날을 잡을 때는 주저함 없이 용감한 면모를 보이기도 한다!)

물타기를 할 돈이 없으면 '수익'이 나고 있는 것을 매도해서 수익을 확정 짓고, 떨어지는 주식을 물타기하면서 손실률을 낮추는 행동을 보여 주기도 한다. 수익이 나고 있는 것을 매도함으로써 수익을 냈다는 것(수익 확정)에 만족감을 느끼고, 손실이 나고 있는 것은 물타기를 통해 손실률을 줄임으로써 '손실이 줄어들었다.'고 생각하면서 심리적 위안을 가지는 것이다. 그렇지만 대다수의 경우에는 어떻게 되는가? 물타기를 할수록 손실은 눈덩이처럼 불어나고 결국은 투자 실패로 귀결되는 경우를 많이 보아 왔다.

투자의 대가들이야 적절히 분산 투자를 하고 있고 시장의 흐름과 개별 종목을 보는 눈이 일반 투자자, 초보 투자자에 비해 좀 더 낫기 때문에 과감히 손절을 하라고 말할 수 있겠지만 초보 투자자들에게는 '손절'이 결코 쉬운 일이 아니며 손절을 하는 것이 '정말 올바른 일'인지 판단하기조차 쉽지 않다. 그렇기 때문에 초보 투자자일수록 손절에 대해 진지하게 고민해 볼 필요가 있다.

나는 앞서 1부에서 실험 계좌 운용 원칙을 이야기하면서 수익률 -15% 정도의 손실이 날 경우, 손실을 최소화하기 위해 손절할 것이라고 언급한 바 있다. 실제로 두 번째 포트폴리오를 구성할 때 편입

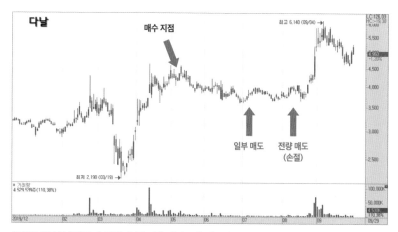

[그림3-7] 다날의 주가 흐름. 손절 이후 가파르게 상승하는 모습을 보여 주었다.

[그림3-8] JW신약의 주가 흐름. 손절 이후 반등하면서 주가가 올라갔다.

했던 종목 중 일부를 손절하면서 손실을 확정 지었다. 다날과 JW신약, 키다리스튜디오, 대한제강은 전량 손절 처리하면서 최종적으로 손실을 입은 종목이 되었고, DMS의 경우에는 일부 손절을 한 뒤 주

[그림3-9] 키다리스튜디오의 주가 흐름. 손절 이후 주가는 서서히 우상향했다.

[그림3-10] 대한제강의 주가 흐름. 손절 이후 우상향하지는 않았지만 손절한 부분이 저점 부근이다.

가가 반등하기 시작할 때 다시 비중을 늘려 결과적으로는 수익을 본 종목이 되었다(129쪽 [그림2-20] 참고). 그렇다면 손절 이후 약 3개월이 지난 시점에서 봤을 때, 그 당시의 손절 판단이 옳았던 것일까?

[그림3-11] DMS의 주가 흐름. 일부 매도 후에 다시 추가 매수를 하면서 수익을 취할 수 있었다.

다날, JW신약, 키다리스튜디오의 주가 흐름을 보면 결과적으로 '손절'은 손실을 최소화했다기보다는 수익을 올릴 수 있는 기회를 날려 버린 셈이 되었다. 물론 손절을 할 당시에는 향후 주가가 이렇게 흘러갈 것을 몰랐고, -15%룰에 의거하여 수익률이 -15% 부근에 도달했기에 손절을 진행했을 뿐이지만 결과적으로는 손실을 만회하고 수익을 낼 수 있는 기회가 사라져 버린 꼴이 된 것이다.

대한제강의 경우만 손절 이후에도 3개월 이상 주가가 횡보 국면에 머물고 있다는 점에서 기회비용을 겨우 건진 셈이다([그림3-10] 참고). 그나마 다행이었던 것은 DMS는 일부 손절한 뒤 상승 추세로 돌아설 때 추가 매수를 하면서 손실을 만회하고 수익을 취할 수 있었다는 점이다. ([그림3-11] DMS의 차트를 보면 추가 매수 이후에 주가가 빠르게 올랐다는 것을 알 수 있다.)

여기에서 -15% 손절의 맹점이 드러난다. 수익 30% 매도에서와 마찬가지로 매수 시점이 어디인가에 따라서 손절이냐 홀딩이냐가 결정되기 때문에 좀 더 높은 가격에 산 사람은 조정기에 손절 가격에 도달할 수 있고, 좀 낮은 가격에 매수한 사람은 조정기가 오더라도 -15%에 도달하지 않으면 홀딩하게 된다. 그 이후에는 수익률에서 큰 차이가 날 수 있다.

투자자	매수가	주가	수익률	포지션	이후 주가	최종 평가 수익률
A	10,000원	8,500원	-15%	매도	11,400원	-15% 손실
B	9,500원	8,500원	-10.5%	홀딩	11,400원	+20% 수익

[표3-3] -15% 손절률을 적용한 투자자 A와 B의 매수 시점에 따른 수익률 차이 예시

예컨대, A가 10,000원에 주식을 샀고, B는 9,500원에 주식을 샀다고 하자. 조정이 찾아와서 주가가 8,500원까지 떨어지게 되면 A는 손실률이 -15%이기 때문에 손절하는 것이고, B는 -10.5% 정도의 손실률을 기록한 상황이기 때문에 홀딩 포지션을 가진다. 그런데 8,500원 부근이 바닥이었고 주가가 다시 반등한다면 약간의 차이로 A는 수익을 얻을 수 없게 되고, B는 수익을 얻을 수 있게 되는 것이다.

손절이 어려운 이유는 바로 이와 같은 상황이 많이 발생하기 때문이다. 우리는 시장에서 "내가 팔면 꼭 오르더라.", "내가 팔면 바닥이고, 존버하면 더 떨어지더라."와 같은 우스갯소리를 하지만 우스갯소

리 뒤에는 씁쓸한 현실이 있는 것이다.

내가 손절한 종목들을 보라! 다날, JW신약, 키다리스튜디오의 주가만 보아도 이런 상황이 나타나지 않았는가? DMS마저 전량 손절하고 쳐다보지 않았다면 얼마나 억울했을까? 상상만 해도 끔찍하다.

그렇기 때문에 우리는 손절에 대해서 좀 더 진지하게 고민해야 한다. 덜 억울하면서도 손실을 최소화하는 것은 기본이고 손절이 수익을 높이는 기회가 되는 방법에 대해서 생각해 봐야 하는 것이다.

더 나은 투자를 위한 손절법

애초에 손절하지 않는 투자를 하는 것이 가장 좋지만, 투자자라면 누구나 한 번쯤은 손절을 고민해야 하는 순간이 오기 마련이다. 그래서 여기에서는 '손절'의 기준을 다시 한 번 생각해 보고자 한다.

내가 활용한 방법은 박스 모멘텀 전략이다. 박스 모멘텀 전략은 기본적으로 박스권 상단 돌파(52주 신고가) 종목을 투자 대상으로 삼는다. 그렇기 때문에 손절을 하는 데 있어, 앞서 살펴보았던 1부의 '모멘텀 투자 대가들의 이야기'를 되새겨 볼 필요가 있다.

그중에서 "손절매는 최대한 빠르게 실행하여 손실을 최소화한다."는 말을 기억해야 한다. 특히 박스권 이론의 창시자인 니콜라스 다바스는 주가가 박스권 상단을 돌파할 때 매수하되, 다시 주가가 하락하여 박스권 안으로 회귀한다면 매도해야 한다고 말한 바 있다. 이 말이 바로 손절매를 최대한 빠르게 진행하면서 손실을 최소화한다는 말이다. 여기에서 한 가지 기준을 세울 수 있다. -15%라는 비교적 '관대한' 손실률을 허용할 것이 아니라, -10% 이내의 범위, 전고점 이하의 가격으로 주가가 떨어진다면 손절하면서 손실을 최소화한다는 계획을 세울 수 있다.

만약 내가 애초에 이 같은 룰을 정하고 이에 따랐다면 다날, 키다리스튜디오, 대한제강, JW신약 등에서 -5% 미만의 손실을 보고 빠져나왔을 것이다. 그리고 현금을 보유한 상태에서 해당 종목의 주가 추이를 지속적으로 모니터링하면서 적절한 매수 타이밍을 노렸을 수도 있다. (물론 이론과 실전은 다를 수 있다.)

특히 박스권 상단 하향 돌파 혹은 전고점 이하로 주가 하락 시 매도라는 기준은 -15% 손실률 도달 시 매도한다는 원칙의 단점을 보완해 줄 수 있는 방법이기도 하다. -15%매도 룰은 앞서 이야기했듯이 사람마다 그 기준점이 다를 수 있다. 하지만 박스권 상단(전고점) 하향 돌파라는 기준은 개별 투자자를 기준으로 한 것이 아니라 '주식 가격' 이라는 하나의 표준화된 지점을 기준으로 하기 때문에 모든 사람이 보편적으로 적용할 수 있는 법칙이기도 하다.

더 나은 손절을 위해 또 하나 생각해 볼 점은 자신의 투자 관점을 어떻게 설정하고 투자 기간을 얼마로 가져가느냐에 따라서 손절에 관한 생각, 기준이 달라질 수 있다는 것이다.

내가 두 번째 포트폴리오를 구성한 이후 '실패'를 한 이유는 무엇이었을까?

나는 실험 계좌의 단기 수익률에 집착(?)했기 때문에 기다리지 못했고, 기다리지 못했기 때문에 실패했다. 좀 더 편안한 마음으로 해당 기업이 위치한 산업 분야가 성장하고 있고, 기업의 실적이 서서히 증가할 것이라는 믿음을 계속 가지고 있었다면 충분히 기다려 볼 만했다. 하지만 나는 조급한 마음이 앞선 상황이었고 단기적으로 계좌 수익이 악화되는 것을 막아야 한다는 생각이 앞섰기 때문에 올바른 투자를 할 수가 없었다. (나는 두 번째 포트폴리오 구성에서 다날, 대한제강, JW신약과 함께 편입했던 한컴MDS와 윈스는 팔지 않았다!)

직장 생활을 하면서 주식 투자를 하는 사람들은 느낄 것이다. 지나고 보면 1~3개월이라는 시간이 얼마나 짧던가. 눈 깜짝할 새에 지나가 버리는 시간이다. 심지어 1년이라는 시간도 순식간에 지나가 버린다. 나뭇잎이 떨어지고 차가운 바람이 불어올 때면 우리는 "벌써 올해도 끝이야? 시간 빠르네."라고 말한다.

하지만 조급한 마음을 가진 채 빨리 부자가 되고 싶어 하고 탐욕을 부리고 있다면 1개월 정도의 주가 조정 시기는 견디기 힘든 시간일 수 있다. 심지어 2~3개월이라는 시간은 어떠한가? 도저히 참을 수 없는 고통의 시간이 된다. 그러고는 그 시간을 견디지 못하고 기존 보유 종목을 버리고 (욕심에 눈이 멀어) 화려한 상승을 보여 주는 테마주·급등주로 갈아타는 경우가 많다.

그렇지만 그 결과는 어떨까?

막차를 타고 가다가 설거지를 해야 하는 경우가 허다하다. 본인의 투자 성향이 단타 매매를 지향하는지, 중장기 추세를 보면서 매매를 하는지, 이슈에 따라 투자하는지, 기업의 실적과 업황의 흐름을 보면서 투자를 하는지에 따라 주가 조정기에 매도 여부는 달라질 수 있다. 다시 말해, 기업의 실적과 업황에 따라 중장기 추세 매매를 추종하는 사람이라면 매수 타이밍을 잘못 잡더라도 장기적으로 주가가 우상향할 것이라는 믿음을 가지고 기다릴 수 있다는 것이다.

내가 실패했던 매매를 되짚어 보자.

다날은 휴대폰 결제 시장 1위 기업이고 지속적으로 실적이 증가하고 있다는 사실에 기반을 둔 투자를 한다면, 장기적으로 우상향할 것이라는 믿음을 가질 수 있었다.

JW신약 역시 오랫동안 주가가 약세를 보여 왔지만, 수익성이 개선되고 있고 제약·바이오 업종에 대한 투자자들의 관심이 증가하면서 수혜를 볼 수도 있다고 생각할 수 있었다.

키다리스튜디오는 어떤가? 웹툰 시장은 빠르게 성장하고 있고, 코로나19는 온라인 콘텐츠 시장을 폭발적으로 성장시키는 촉매제 역할을 하였다. 동서양을 막론하고 웹툰의 인기는 날로 치솟고 있다.

대한제강은 어떨까. 지금(2020년 9월 말)은 철강업계가 전체적으로 부진의 늪에 빠져 있지만, 국가적으로 경기 부양을 위해 S.O.C 사업을 활발히 전개할 수밖에 없고, 3기 신도시를 중심으로 정부 주도의 주택 공급이 본 궤도에 오르기 시작하면 철근 수요가 증가하면서 업황이 살아날 것이라고 생각할 수 있다. 이 같은 면에서 좀 더 길게 본다면 대한제강의 주가 역시 긍정적인 흐름을 보여 줄 수 있다고 생각할 수도 있다.

다날, JW신약, 키다리스튜디오, 대한제강은 손절했지만, 나는 왜 DMS는 전량 매도하지 않고(일부 매도), 오히려 포지션을 전환하여 추가 매수를 했는가?

DMS의 실적은 꾸준히 증가하고 있었고, 풍력 발전 사업과 자회사(의료기기 업체)의 실적 역시 긍정적인 모습을 보여 주고 있었다. -15% 손절률 때문에 전량 매도하기보다는 좀 더 기다려 보자고 생각했던 것이다. 불확실성을 줄이기 위해 일부 매도했지만, 상승 추세로의 전환을 확인하고 상승에 대한 믿음을 가지고 비중을 더 많이 늘린 것이다. 기업의 본질 가치가 훼손되었느냐 안 되었느냐가 판단 기준이 된 것이다.

단기투자자라면 빠르게 손절하고 다른 종목으로 빨리 갈아타는 것이 옳다. 그렇지만 투자 대상을 고를 때 기업의 실적과 업황, 추세를 고려했다면 그 기업이 지금 사업을 잘하고 있는가, 그 기업이 속한 업종·분야의 업황이 여전히 좋은가, 큰 흐름 속에서 추세가 꺾였는가 등을 고려해서 매도 혹은 홀딩 여부를 결정하는 것이 더 나을 수 있다. 어쩌면 이것은 좀 더 편안한 투자가 될 수도 있다. 모든 것은 마음먹기에 달린 것이다.

좀 더 나은 투자를 위한 손절에 대한 의견으로 2가지를 제시해 보았다. 정리해 보면 다음과 같다.

첫째는 박스 모멘텀 전략의 기반이 되는 박스권 상향 돌파(52주 신고가)가 지속되지 않고 무너졌을 때, 빠르게 손절하면서 손실을 최소화하고, 그 이후 주가 추이를 지켜보는 것이다. 아마도 이 경우 손절선은 내가 실험 계좌 운용 기준으로 잡은 -15%보다 작은 -5% 혹은 -10% 이내가 될 것이다. 이 방법은 보유 종목이 많을 때 좀 더 효과적으로 이용할 수 있다. 보편적인 기준선이 존재하기 때문에 그 기준에 맞춰 기계처럼 움직이면 된다. (물론 기계처럼 움직인다는 것이 힘들다는 것이 함정이다!)

둘째는 기업의 펀더멘털을 생각해 보는 것이다. 기업의 실적이 악화되었는가, 업황이 나빠졌는가, 상승 추세가 꺾였는가 등을 고려해 본다는 것이다. 사실, 박스 모멘텀 전략 검색식을 통해 검색되는 기업들은 기본적으로 전년 동기 대비 10% 이상 EPS(주당순이익)가 증가한 기업이기 때문에 펀더멘털이 훼손되는 경우가 드물다. 52주 신고가를 기록하면서 박스권 상단을 뚫는다는 것에서부터 이미 해당 기업은 실적이 좋아지고 있으며, 시장의 관심을 받고 있다는 것을 의미하기 때문이다.

따라서 추세가 꺾이거나, 박스권 상단 돌파에 실패했다면 그동안 알려지지 않았던 악재가 등장했거나, 일시적으로 실적이 악화된 것은 아닌지 확인해 봐야 한다. 그리고 나서 갑작스럽게 등장한 악재나 일시적 실적 악화가 향후 주가 상승을 가로막을 만큼 치명적인지를 생각하면서 홀딩 여부를 결정하면 된다. 만약 그 악재가 매우 치명적이고 이제는 주가 상승이 힘들 것이라는 생각이 든다면 뒤도 돌아보지 말고 매도해야 한다.

한편, 단기·중기 추세의 전환은 보조지표 MACD를 통해서도 확인할 수 있다. 그렇기 때문에 4부 '더 나은 투자자가 되기 위한 얕고 넓은 지식'을 천천히, 그리고 꼼꼼히 읽어 보면서 매매에 관한 지식을 쌓고 능력을 높인다면 매도를 하는 데 큰 도움이 될 것이다.

손절은 언제나 어렵다. 익절도 어렵지만 손절은 더 어렵기 때문에 많은 고민이 필요하다. 특히 손절은 '손절하지 않고 존버'할 때와 손절했을 때의 경우를 생각하면서 상황 판단에 따른 기회비용까지 고려해야 하기 때문에 더 힘든 문제이다. 손절하고 나서 내가 새롭게 선택하는 종목이 '과연 오를까'라는 불확실성까지도 이겨 내야 하기 때문에 힘든 결정일 수밖에 없다.

손절은 힘든 일이기 때문에 투자자들은 좀 더 고민해야 하고, 스스로의 기준을 정립해야 한다. 경우에 따라서는 간단한 원칙이 최선일 수도 있지만 그렇지 않을 수도 있다. 그러나 한 가지 확실한 것은 '매수 가격'을 기준으로 -10% 손절, -20% 손절과 같은 방법은 매우 간단해 보이고 따라 하기 쉽지만 현명한 방법이 아닐 수도 있다는 것이다. '매도'의 기준은 '투자자, 나 자신(내 생각, 내가 산 가격)'이 아니라 '주식 그 자체'에서 찾아야 한다. 인간은 언제나 감정에 지배당하는 나약한 존재이지만, 시장은 항상 현명하다. 그렇기 때문에 현명한 시장을 기준으로 삼아야 한다.

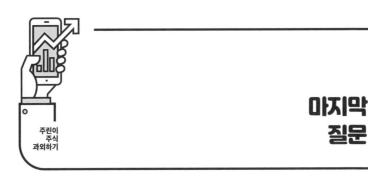

주린이
주식
과외하기

마지막 질문

증권사 리포트가 있는 종목 vs 없는 종목

주식 투자에서 종목 선택은 매우 중요한 문제이다. 동일 업종, 유사한 사업을 하는 기업 사이에도 주가 수익률은 차이가 날 수밖에 없고, 드물기는 하지만 때로는 상승과 하락이라는 완전히 다른 결과를 보여 주기도 한다. 따라서 최종적으로 종목 선택을 해야 할 때는 여러 가지 정보를 참고하며 신중할 수밖에 없다.

여기에서는 '증권사 리포트'의 존재 유무가 과연 매수 판단에 있어어떤 역할을 할 수 있을지에 대해서 이야기해 보고자 한다. 우선 증권사 리포트와 관련하여 알아야 할 것은 어떤 종목에 대한 리포트의 존재 유무가 매수 판단에 있어 절대적인 기준이 아니라는 점이다. 증권사 리포트는 매수 판단을 하는 데 있어 '참고 자료'로 활용할 수 있지만, 리포트가 존재한다고 해서 매수해야 하고, 리포트가 없다고 해서 매수하지 말아야 한다는 식으로 생각해서는 안 된다는 것이다.

주식 시장의 모든 종목에 대해서 증권사 리포트가 있는 것은 아니다. 어떤 종목은 리포트가 몇 년 동안 단 한 건도 없는데, 어떤 종목은 한 달에 수십 개의 리포트가 쏟아지기도 한다. 이처럼 리포트가 쏟아지는 종목과 그렇지 않은 종목의 차이가 뭘까?

리포트 숫자의 차이에는 여러 가지 이유가 있겠지만 그중 하나를 이야기한다면 리포트가 많은 종목은 '시장의 관심'을 많이 받는 종목이고, 리포트가 없는 종목은 시장·증권사의 관심권에서 멀어진 종목이라는 점이다. 대체로 증권사 리포트가 많은 종목은 시가총액이 큰 기업인 경우가 많고, 리포트가 없는 종목 대다수는 시가총액 3,000억 원 미만, 특히 1,000억 원 미만의 소형주인 경우가 많다.

이처럼 리포트 발간 유무와 횟수에 차이가 나는 가장 근본적인 원인은 증권사 리서치 센터의 인력이 주식 시장의 모든 종목을 다 커버할 수 있을 만큼 충분하지 못하기 때문일 것이다. 인력이 충분하지 못하다 보니 증권사 리서치 센터에서는 리포트를 작성할 기업을 선별할 수밖에 없고, 시장의 관심을 덜 받는 업종·종목이나 소형주는 자연스럽게 우선순위에서 밀려나게 되는 것이다. 결국 '관심의 문제'라는 것이다.

여기에서 우리는 종목을 선택할 때 무엇을 참고할 것인지를 생각해 볼 수 있다. 증권사 리포트가 존재하는 종목이라면, 시장에서 어느 정도 관심을 받고 있는 종목이거나 사람들의 관심을 받을 수 있는 위치에 존재하는 종목이라고 볼 수 있다. 반대로, 리포트가 오랫동안 존재하지 않는 기업이라는 점은 아직까지 시장에서 주목을 받지 못하는 종목이라고 할 수 있다. 물론 리포트가 존재하지 않는 종목은 증권사 리포트가 새롭게 발간될 여지는 항상 존재하지만, 최소한 리포트가 발간되지 않은 현재 시점을 기준으로 봤을 때는 상대적으로 시장의 관심을 받지 못하는 상태라고 할 수 있다.

시장의 관심을 조금 더 받고, 덜 받고의 차이를 생각해 봐야 한다.

먼저 증권사 리포트가 존재하는 종목의 경우를 생각해 보자. 증권사 리포트가 존재하는 종목은 그렇지 않은 종목에 비해 대중에게 좀 더 알려졌다고 할 수 있다. 즉 노출 빈도가 비교적 높은 종목이라고 할 수 있다. 대중에게 노출되어 있다는 것은 대중의 관심 바운더리 안에 있는 것이고, 주가가 본격적으로 상승하기 시작할 때 매수세가 몰릴 여지가 많다는 것을 의미한다. 증권사의 리포트 내용이 일반적으로 '긍정적 전망'을 이야기하는 경우가 많다는 점에서 '주가 상승의 명분'을 공식적으로 인정받은 기업이라고 할 수 있다.

반대로 증권사 리포트가 존재하지 않는 종목은 어떨까. 주가가 상승하고 있더라도 대중은 그 이유를 잘 모르는 경우가 많다. 일시적인 상승인지, 펀더멘털 개선에 의한 상승 추세의 지속인지 스스로 분석하지 못하면 알 길이 없다. 그렇기 때문에 적극적으로 매수하기가 꺼려질 수 있다.

또한 대중에 대한 노출 빈도가 상대적으로 낮기 때문에 기본적인 매수세(거래량)가 상대적으로 적다고 할 수 있다. 매수세가 적다는 것은 증권사 리포트가 존재하는 비슷한 규모의 다른 기업에 비해서 주가 변동성이 작다는 것을 의미한다. (물론 어느 순간 조용하던 주식이 테마주에 편입되거나 매수세가 갑자기 몰리면서 급등주가 되면 증권사 리포트가 없더라도 시장의 큰 관심을 받게 된다.)

이처럼 증권사 리포트의 존재 여부는 시장의 관심이라 할 수 있고, 시장의 관심, 대중의 관심은 단기적인 수급에 영향을 주게 된다. 그렇다면 이 같은 관심의 여부, 증권사 리포트 존재 유무가 실제로 주가와 관련이 있는 걸까?

2부에서 살펴본 [표2-2](90쪽)과 [표2-4](118쪽)의 종목을 바탕으로 수익률 차이를 비교해 보자. 해당 표에는 필자가 별도로 6개월 이내 리포트 존재 여부를 표시해 두었다. 6개월 이내 리포트가 있는 종목군과 없는 종목군의 평균 수익률을 비교해 보면 다음과 같다.

기간	4월 말 리포트○	4월 말 리포트x	5월 말 리포트○	5월 말 리포트x
1개월	12.19%	11.23%	8.95%	-1.03%
3개월	35.80%	22.25%	18.05%	15.83%
6개월	25.08%	29.00%	24.35%	31.03%

[표3-4] 리포트 존재 여부에 따른 종목군별 평균 수익률

[표3-4]를 살펴보면 리포트가 있는 종목군과 그렇지 않은 종목군 사이에 약간의 수익률 차이가 난다는 것을 확인할 수 있다.

2020년 4월 말 종목 검색 결과 리스트에서 눈에 띄는 점은 1개월 수익률에서는 큰 차이가 없지만 3개월 수익률에서는 리포트가 있는

종목군이 13% 정도 평균 수익률이 앞선 것으로 나타나고 있다. 5월 말 종목 검색 결과 리스트에서는 1개월 수익률에서 리포트가 있는 종목군과 없는 종목군 사이에 10% 정도의 수익률 차이가 나는데, 리포트가 없는 종목군은 1개월 수익률에서 –1% 정도의 손실을 보여 준다는 점이 특징적이다. 3개월 수익률은 큰 차이는 아니지만 리포트가 있는 종목군의 수익률이 앞선다는 것을 확인할 수 있다.

한편, 1개월, 3개월 수익률과 달리 6개월 수익률에서는 다른 양상이 나타난다. 2020년 4월 말에는 리포트가 없는 종목군이 평균 29%의 수익률을 보여 주면서 리포트가 있는 종목군보다 3.92% 앞선 성과를 보여 주었고, 5월 말에는 리포트가 없는 종목군이 평균 31.03%의 수익률로 리포트가 있는 종목군보다 6.68% 더 나은 성과를 보여 주었다.

그렇다면 투자자 입장에서는 어떤 투자 계획을 세울 수 있을까? 단순히 [표2-2]와 [표2-4]의 종목을 바탕으로 해서 3개월 보유 전략으로 투자를 한다면, 리포트가 있는 종목을 우선적으로 매수하는 것이 하나의 방법이 될 수 있다. 종목 검색 결과로 나온 리스트에서 어떤 종목을 선택해야 할지 어려움을 겪고 있다면, 리스트의 모든 종목을 매수하는 것보다는 '리포트가 있는 종목'만 매수하는 편이 수익률 향상에 좀 더 도움이 될 수 있고, 매수 종목의 개수가 줄어들면서 매매의 수고를 덜 수도 있다.

그러나 6개월 성과를 봤을 때는 리포트가 없는 종목들을 배제하는 것이 아쉬울 수 있다. 또한 개별 종목의 수익률로 봤을 때 리포트가 없는 종목 중에서 높은 수익률을 기록한 종목이 많다는 점도 주목할 만하다. 2020년 4월 말 종목 리스트인 [표2-2] 중에서 가장 높은 수익률을 기록한 종목은 리포트가 없었던 메드팩토이다. 메드팩토는 3개월 수익률 151.32%, 기간 내 최고 수익률은 무려 262%를 기록했다. 5월 말 종목 리스트인 [표2-4]에서도 넥슨지티(109.54%), 티엘아이(56.49%), 태경케미컬(44.30%) 등이 3개월 수익률 기준으로 평균 이상의 수익률을 보여 주었음을 확인할 수 있다.

이 같은 결과로 볼 때, 소수의 종목에 투자한다면 리포트가 없는 종목 중에서도 좋은 종목을 찾아내기 위해 노력할 필요가 있다. 하지만 종목에 대한 고민 없이 검색 결과로 나온 종목을 모두 매수한다고 할 때는 '리포트가 있는 종목'만 매수하는 것이 좀 더 편하게 수익률을 높이는 전략이 될 수도 있다.

박스 모멘텀 전략, 정말 효과적일까?

2부의 내용을 통해 나는 박스 모멘텀 전략을 사용하여 종목을 고르고, 매매를 어떻게 했는지 보여 주었다. 그리고 이를 바탕으로 주식 투자를 하거나, 투자 전략 수립을 하는 데 있어 우리가 맞닥뜨릴 만한 문제들에 대한 이야기를 했다. 이는 분명 투자 전략을 세우고 투자 철학을 정립하는 데 도움이 되리라 생각한다.

그러나 지금까지 많은 이야기를 했음에도 불구하고 '박스 모멘텀 전략이 언제나 효과가 있을까?'라는 질문이 머릿속을 맴돌 수 있다. 3부를 마무리하는 지금 시점에 의문을 가져 볼 법도 하다.

지난 200년 동안 시장에서 모멘텀 전략이 효과가 있었다는 이야기를 접했지만, 과연 한국 시장에서 내가 투자를 하는 시점에 좋은 성과를 낼 수 있을까? 이것은 개인 투자자에게 있어 가장 중요한 문제이다.

우리가 미래를 알 수는 없다. 그러나 과거의 자료를 토대로 그 성과를 추적해 보면서 과거에 '이렇게 했다면'이라는 가정을 해 볼 수는 있다. 그리고 이를 바탕으로 미래를 위한 전략을 수립할 수 있다.

여기에서는 과거 특정 시점을 기준으로 박스 모멘텀 전략 기본 조건에 부합하는 종목들을 검색하고, 검색 시점을 기준으로 6개월 동안의 성과를 추적해 보고자 한다.

성과 검증을 위한 박스 모멘텀 전략의 적용 시점은 증시에서 흔히 회자 되는 말인 "11월에 사서 5월에 떠나라."라는 말에 따라 매년 11월을 시작 지점으로 잡았다. 매매 시점을 어떻게 잡을 것인지, 언제 시장에 진입할 것인지는 사람마다 다를 수 있다. 시장은 상승과 하락을 반복하기 때문에 매수 타이밍에 따라서 수익률이 크게 차이날 수 있다. 그렇기 때문에 보편성을 확보하기 위해 시장에서 회자되는 격언을 따라 본 것이다. (언제 주식 투자를 시작했느냐에 따라서 수익률은 물론이고 시장에 대한 생각과 투자에 대한 가치관이 달라질 수도 있다. 2020년 2월에 주식을 시작한 사람과 2020년 3월 말에 주식을 시작한 사람은 수익률이 다른 것은 물론이고 시장을 다르게 느낄 것이다.)

2015년부터 2019년까지 5년 동안 11월 초를 기준으로 백테스팅을 진행했다. 증권사 리포트 여부는 별도로 표기하지 않았다. 검색 당일이 최고가를 기록한 날이었고(또는 최고가에 5% 이내로 근접한 날), 그 이후로 주가가 계속 떨어진 종목은 제외했다. 또한 일일 거래량이 5,000주 미만인 종목도 제외했다. 시장의 전체적인 흐름은 고려하지 않았다. 참고로 2018년 1월부터 2019년 8월까지 우리나라 시장은 1년 반 가까이 추세적으로 하락하던 시기였다. 즉 대다수의 주식 투자자들이 돈을 잃던 암울한 시기였다는 것이다.

이제, 박스 모멘텀 전략의 백테스팅 결과를 확인해 보자.

2015년 11월~2016년 5월 수익률

종목명	1개월	3개월	6개월	최고 수익률
매일홀딩스	7.80%	8.44%	18.93%	26.34%
한화솔루션	21.12%	16.18%	13.03%	25.84%
에스원	-4.44%	4.55%	-5.96%	6.57%
한국전력	-3.21%	3.50%	20.23%	21.21%
제일제강	64.04%	-10.53%	-35.79%	83.51%
경남스틸	4.94%	9.64%	29.52%	40.96%
디오	-2.29%	24.30%	91.90%	110.21%
바텍	-6.68%	23.23%	-1.16%	29.14%
우리로	26.32%	-13.95%	-14.74%	34.21%
에스에이티	-7.69%	-11.03%	-2.56%	12.05%
S&T모티브	8.41%	14.76%	-8.14%	20.00%
성우전자	11.46%	44.27%	12.85%	56.08%
에코프로	1.21%	-11.64%	18.08%	24.10%
비덴트	108.59%	30.31%	23.23%	120.21%
평균 수익률	16.40%	9.43%	11.39%	

[표3-5] 2015년 11월 기준 박스 모멘텀 전략 해당 종목

2015년 11월 초에 검색된 종목의 1개월 평균 수익률은 16.4%, 3개월 수익률은 9.43%, 6개월 보유 수익률은 11.39%이다. 11월에 사서 5월에 떠나라는 격언은 6개월 보유한 뒤 매도하고 떠난다는 말이다. 위 종목을 매수한 이후 6개월 뒤에 팔았다면 평균적으로 약 11%의 수익을 얻을 수 있었다.

6개월 동안 코스피 지수가 -1.74% 하락했고, 코스닥 지수는 2.36% 상승하면서 사실상 보합 수준에 머물렀다는 점을 생각해 보면 나쁘지 않은 수익률이다.

2016년 11월~2017년 5월 수익률

종목명	1개월	3개월	6개월	최고 수익률
삼정펄프	3.59%	-0.35%	14.48%	14.48%
백산	5.93%	-5.61%	-6.26%	7.66%
SK머티리얼즈	-0.32%	26.90%	13.51%	28.31%
스카이라이프	0.28%	-9.24%	-9.24%	2.52%
APS홀딩스	-6.73%	5.38%	-20.25%	14.80%
DSR제강	18.60%	76.72%	13.05%	114.29%
HB테크놀러지	-6.04%	9.23%	18.90%	19.34%
광진윈텍	11.05%	-5.33%	-27.12%	32.15%
제이스텍	7.40%	33.42%	36.16%	36.16%
DSR	77.96%	119.44%	74.07%	236.11%
평균 수익률	11.17%	25.06%	10.73%	

[표3-6] 2016년 11월 기준 박스 모멘텀 전략 해당 종목

2016년 11월 초에 검색된 종목의 1개월 평균 수익률은 11.17%, 3

개월 평균 수익률은 25.06%, 6개월 평균 수익률은 10.73%를 기록했다. 최고 수익률을 보면 200% 이상 상승한 종목도 있는데, 이는 2016년 말부터 2017년 초에 급등세를 보였던 대선 테마주와 관련이 있다. 당시 대선 테마주로 분류되었던 DSR과 DSR제강을 제외하면 수익률은 좀 더 낮게 나온다.

2016년 11월부터 이듬해 5월까지 6개월 동안의 코스피 지수는 9.87%, 코스닥 지수는 0.3% 상승했다.

2017년 11월~2018년 5월 수익률

종목명	1개월	3개월	6개월	최고 수익률
동화약품	15.05%	13.96%	25.95%	43.40%
국제약품	4.04%	24.44%	33.68%	72.01%
선광	-7.54%	-0.49%	3.16%	5.84%
한일홀딩스	5.71%	19.29%	18.57%	23.21%
쌍용양회	18.62%	31.53%	79.28%	79.28%
LG	1.49%	5.63%	-6.89%	8.96%
삼성SDI	-4.45%	-16.48%	-18.26%	3.56%
F&F	7.43%	15.59%	8.17%	19.06%
율촌화학	37.13%	17.96%	-0.60%	41.02%
OCI	-3.60%	25.20%	24.80%	49.20%
LS ELECTRIC	-0.33%	14.05%	13.39%	17.85%
경동제약	13.30%	28.08%	22.91%	41.39%
태경산업	4.04%	5.38%	8.85%	11.54%
신대양제지	-7.41%	18.98%	181.79%	191.05%
와이지-원	15.04%	42.11%	22.18%	54.89%
풍국주정	8.63%	8.63%	-14.39%	23.74%
한국콜마홀딩스	3.56%	19.02%	27.47%	29.48%

종목명	1개월	3개월	6개월	최고 수익률
제일기획	0.74%	3.19%	-6.14%	7.13%
롯데관광개발	-7.69%	8.79%	56.78%	58.61%
KG이니시스	14.87%	37.34%	48.73%	58.54%
JYP Ent.	5.63%	42.42%	85.71%	108.66%
정상제이엘에스	2.41%	-3.93%	-6.09%	3.55%
한미반도체	21.44%	18.39%	6.71%	31.61%
코스맥스비티아이	6.44%	4.70%	15.30%	15.97%
서울반도체	11.83%	-13.98%	-31.90%	18.82%
LG생활건강	4.13%	2.33%	18.00%	18.00%
LG화학	-0.60%	0.97%	-13.15%	6.51%
현대바이오랜드	6.08%	31.22%	10.85%	32.80%
프로텍	7.56%	13.73%	6.73%	27.17%
제이브이엠	11.25%	2.42%	-17.30%	14.53%
안트로젠	17.84%	102.62%	257.12%	547.14%
테라젠이텍스	27.07%	82.71%	187.22%	227.82%
컴투스	-4.10%	10.44%	19.31%	39.67%
유진테크	8.00%	4.00%	-14.59%	16.94%
차바이오텍	39.77%	171.21%	62.88%	210.23%
알티캐스트	9.17%	25.55%	-4.91%	27.73%
나스미디어	16.07%	35.39%	14.12%	52.11%
네오팜	9.27%	46.93%	68.33%	79.17%
테스	11.71%	2.29%	-14.00%	24.86%
SK이노베이션	-2.41%	-0.96%	-5.30%	4.82%
고영	7.46%	22.24%	30.85%	34.06%
위메이드	9.32%	61.86%	69.49%	69.49%
GKL	21.49%	14.39%	-0.55%	23.86%
락앤락	34.11%	28.04%	10.28%	44.86%
나이스디앤비	11.36%	9.42%	-3.74%	16.90%
싸이맥스	12.08%	6.04%	-9.73%	24.16%
엔케이맥스	12.99%	26.64%	8.17%	38.15%
제노포커스	-2.00%	-4.22%	9.33%	44.00%

종목명	1개월	3개월	6개월	최고 수익률
애니젠	45.26%	38.16%	20.00%	80.26%
인크로스	24.23%	31.51%	31.75%	54.06%
넷마블	6.40%	0.87%	-14.24%	15.99%
야스	23.28%	18.40%	2.44%	39.47%
펄어비스	31.39%	70.30%	76.86%	92.29%
평균 수익률	10.65%	23.10%	26.52%	

[표3-7] 2017년 11월 기준 박스 모멘텀 전략 해당 종목

2017년 11월 초에 검색된 종목은 2016년이나 2015년에 비해서 상당히 많은 편이다. 그 이유는 2017년 봄부터 우리나라 증시가 빠르게 상승하기 시작했고, 이 과정에서 신고가 종목들이 속출했기 때문이다.

2017년은 우리나라 증시 강세장이었고 이 시기 코스피 지수는 과거 고점인 2,231(2011년 4월 27일 기록)을 넘고 2,600까지 돌파했다. 상승 랠리에 늦게 동참한 코스닥은 2017년 10월부터 빠르게 상승하기 시작했다. 이 같은 우리나라 증시의 상승 랠리는 2018년 1월까지 이어졌고 1월을 정점으로 지수는 하락하기 시작했다.

이 같은 주식 시장의 특징은 2017년 11월에 검색된 종목의 수익률에 고스란히 드러난다. 2017년 11월 종목의 1개월 수익률은 10.65%, 3개월 수익률은 23.10%, 6개월 수익률은 26.52%였다. 2017년 11월 이후 6개월 동안 코스피 지수는 -1.61% 하락했고, 코스닥 지수는 25.9% 상승하면서 뒷심을 보여 주었다.

2018년 11월~2019년 5월 수익률

종목명	1개월	3개월	6개월	최고 수익률
제일기획	8.31%	9.01%	17.55%	18.71%
엔씨소프트	18.79%	9.98%	22.04%	22.04%
파워로직스	-6.03%	9.71%	58.09%	88.24%
이크레더블	8.92%	2.55%	19.43%	25.16%
포인트엔지니어링	0%	-0.48%	9.53%	30.82%
평균 수익률	6.00%	6.15%	25.33%	

[표3-8] 2018년 11월 기준 박스 모멘텀 전략 해당 종목

2018년 11월 초에 검색된 종목의 개수는 2017년에 비해서 매우 적다는 것을 알 수 있다. 앞서 이야기했듯이 2017년은 우리나라 증시의 상승기였지만, 2018년은 1년 내내 시장이 하락하던 시기였고 11월이 하락의 절정기였다. 대부분의 종목이 하락의 여파 속에서 바닥권에 머물러 있었기 때문에 신고가를 경신하는 종목들이 매우 드물었다.

2018년 11월에 검색된 종목의 1개월 수익률은 6.00%, 3개월 수익률은 6.15%, 6개월 수익률은 25.33%를 기록했다. 우리나라 증시는 2018년 12월부터 반등하기 시작해서 2019년 4월까지 상승을 이어 갔기 때문에 6개월 수익률이 매우 좋은 것처럼 보인다. 해당 기간 동안 코스피 지수는 8.85%, 코스닥 지수는 14.8% 상승했다.

2019년 11월~2020년 5월 수익률

종목명	1개월	3개월	6개월	최고 수익률
하이트진로	-3.75%	2.21%	10.56%	11.58%
SK하이닉스	-2.65%	12.52%	0.72%	26.35%
삼양식품	-3.89%	12.78%	12.22%	17.78%
삼성전자	-1.76%	10.16%	-2.34%	21.88%
F&F	7.80%	-0.98%	4.39%	20.49%
삼성전기	-2.63%	9.65%	-0.44%	28.07%
현대위아	3.70%	-16.47%	-35.96%	7.80%
한솔케미칼	8.25%	16.83%	-8.04%	27.01%
S&T홀딩스	-6.58%	-5.64%	-10.66%	1.25%
SFA반도체	3.57%	60.63%	50.93%	80.88%
코메론	-2.25%	-0.75%	-5.26%	7.01%
제일바이오	-23.01%	3.03%	-1.39%	37.80%
한양디지텍	-9.07%	-3.45%	-23.77%	9.62%
이리츠코크렙	1.28%	-12.54%	-24.50%	11.68%
켐트로닉스	7.72%	3.69%	-20.81%	27.85%
제이티	-7.25%	31.23%	12.83%	48.88%
서원인텍	10.31%	3.60%	-11.46%	26.84%
네오위즈	-4.58%	-1.72%	-0.57%	12.32%
윌덱스	-15.84%	1.70%	-9.82%	15.71%
디와이피엔에프	-2.78%	16.67%	-11.85%	26.39%
원익머트리얼즈	-10.57%	-6.81%	-13.80%	8.78%
파인테크닉스	26.06%	62.22%	51.11%	81.82%
대정화금	1.37%	2.39%	1.37%	31.40%
삼성바이오로직스	-0.63%	22.35%	46.72%	51.77%
덕산네오룩스	-4.08%	28.80%	41.95%	69.16%
케이씨텍	-8.91%	4.83%	-8.14%	21.12%
평균 수익률	-1.55%	9.88%	1.69%	

[표3-9] 2019년 11월 기준 박스 모멘텀 전략 해당 종목

2019년 11월 초에 검색된 종목의 숫자는 2018년에 비해서 많이 늘어났다. 2019년 8월 우리나라 증시는 크게 하락했지만, 9월 이후 빠른 속도로 회복했기 때문이다. 2019년 연말 상승 랠리는 2020년 1월 말까지 지속됐다. 그러나 2월 중순 이후 코로나19의 영향으로 증시가 서서히 하락하기 시작했고, 3월 증시는 팬데믹 공포 속에서 투자자들이 패닉에 빠지면서 크게 하락했다.

개별 종목으로 본다면 6개월 사이에 큰 폭의 상승률을 보여 준 종목이 많지만, 평균적으로는 6개월 수익률이 높아 보이지 않는다. 3월 폭락 이후 전개된 반등장에서는 차별화 장세가 펼쳐졌기 때문이다.

2019년 11월 초 종목의 1개월 평균 수익률은 -1.55%, 3개월 수익률은 9.88%였지만 6개월 수익률은 1.69%였다. 6개월 동안 코스피 지수는 -7.28%, 코스닥 지수는 -2.59% 하락했다는 점에서 비교적 선방했다고 할 수 있지만, 반등장에서 빠르게 상승한 종목이 많았던 점을 생각해 보면 단순 수익률 측면에서는 아쉬울 수 있는 숫자이다.

지금까지 2015년부터 2019년까지 5년 동안의 박스 모멘텀 전략의 성과를 살펴보았다. 앞서 이야기한 대로 매매 시기는 "11월에 사서 5월에 떠나라."라는 증시의 격언을 따랐다. 그 결과를 정리해 보면 [표3-10]과 같다.

매수 시점	1개월 수익률	3개월 수익률	6개월 수익률	코스피 (6개월)	코스닥 (6개월)
2015년 11월	16.40%	9.43%	11.39%	-1.74%	2.36%
2016년 11월	11.17%	25.06%	10.73%	9.87%	0.30%
2017년 11월	10.65%	23.10%	26.52%	-1.61%	25.9%
2018년 11월	6.00%	6.15%	25.33%	8.85%	14.80%
2019년 11월	-1.55%	9.88%	1.69%	-7.28%	-2.59%
누적 수익률	42.67%	73.62%	75.66%	8.09%	40.77%

[표3-10] 박스 모멘텀 전략 백테스팅 결과 정리

우선 눈에 띄는 점은 6개월 수익률을 기준으로 코스피나 코스닥에 비해 뒤처지는 경우가 한 번도 없다는 점이다. 즉 박스 모멘텀 전략은 지수 수익률보다 앞서는 결과를 보여 준다.

두 번째로는 앞서 '최고가 아닌 최선을 위한 매도법'에서 살펴봤던 것처럼 1개월 보유했을 때보다 3개월 보유했을 때 대체로 수익률이 더 높은 경우가 많다는 것이다. 또한 5년 평균을 봤을 때, 3개월 수익률과 6개월 수익률에 큰 차이가 없다는 것을 확인할 수 있다. 즉 6개월 보유 전략보다는 3개월 보유 후 매도하고, 새로운 종목을 3개월 보유하는 것이 수익률 제고에 더 큰 도움이 될 수도 있다고 생각할 수 있다.

또 한 가지 중요한 사실은 '2019년 11월 매수 후 1개월 수익률'을 제외하고 평균 수익률이 마이너스를 기록한 적이 한 번도 없다는 것이다. 개별 종목으로는 마이너스를 기록하는 종목이 많이 있지만, 전체 평균으로 따져봤을 때는 마이너스를 기록한 적이 딱 한 번이다.

코스피나 코스닥이 자주 마이너스 수익률을 기록했던 것과는 대조적인 모습이다. 이는 박스 모멘텀 전략의 효용성을 확인할 수 있는 부분이기도 하다.

만약 투자 자금 1억 원을 가진 사람이 2015년 11월부터 박스 모멘텀 전략을 사용해서 투자하되, 11월에 사서 5월에 파는 방식으로 투자를 했다면(6개월 보유) 투자금은 얼마로 불어났을까?

① 11월 매수 후, 1개월만 보유하고 파는 방식으로 5년간 매매했을 때
② 11월 매수 후, 3개월 보유하고 파는 방식으로 5년간 매매했을 때
③ 11월 매수 후, 6개월 보유하고 파는 방식으로 5년간 매매했을 때

각각 ①~③의 방식으로 매매했다고 가정하고 계산해 보면 [표3-11]과 같다.

매수 시점	1개월 후 매도	3개월 후 매도	6개월 후 매도
2015년 11월	1억 1,640만 원	1억 943만 원	1억 1,139만 원
2016년 11월	1억 2,940만 원	1억 3,685만 원	1억 2,334만 원
2017년 11월	1억 4,318만 원	1억 6,846만 원	1억 5,605만 원
2018년 11월	1억 5,177만 원	1억 7,882만 원	1억 9,558만 원
2019년 11월	1억 4,942만 원	1억 9,649만 원	1억 9,888만 원

[표3-11] 5년 동안 1억 원을 투자했을 경우 금액(배당금 제외, 수익은 복리 계산)

2015년 11월부터 박스 모멘텀 전략을 이용하여 3개월 또는 6개월만 보유하는 매매를 했다면 5년 뒤 자산은 거의 2배 정도로 불어났을

것이다. (물론 이론과 실제는 다를 수 있다!) 검색되어 나온 종목 중에서 추세가 꺾인 일부 종목을 제외하고 증권사 리포트 여부를 확인하고, 업종·업황의 상황까지 점검하면서 매수를 진행했다면 더 좋은 결과를 만들어 냈을 수도 있다. (반대의 경우도 있다는 점을 잊지 말아야 한다.)

이 결과가 무엇을 말해 주는가?

한순간의 대박을 노리는 것이 아니라 꾸준히, 오랫동안 천천히 수익을 내는 것이 최선이라고 생각하면서 끈기 있게 원칙에 따라서 매매를 할 수 있다면 결국 수익으로 보상받을 수 있고, 자산이 늘어날 수 있다는 것을 보여 준다.

누구나 박스 모멘텀 전략을 이용해서 수익을 낼 수 있고, 자산을 쌓아 나갈 수 있다.

"연구를 하지 않고 투자하는 것은,
포커를 하면서 카드를 전혀 보지 않는 것과 같다."

· 피터 린치 ·

더 나은 투자자가 되기 위한
얕고 넓은 지식

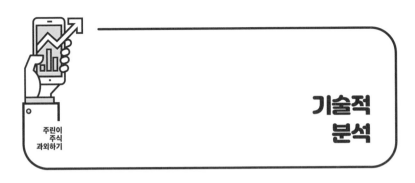

기술적
분석

주린이
주식
과외하기

주식 시장에서는 단순히 주식만 거래되는 것이 아니다. 하루에 이루어지는 수백, 수천만 건의 거래 속에는 시장에 참여한 투자자들의 심리가 녹아 들어간다. 거래 행위 속에는 기본적으로 돈을 벌고 싶다는 마음이 투영되고 탐욕과 불안이 깃들어 있다.

시장에서 모든 사람이 돈을 버는 것은 아니며, 돈을 잃는 것은 시장 참여자의 심리와 무관하지 않다. 시장에서 패배하고 돈을 잃는 가장 큰 원인 중 하나는 마음의 문제이고, 그다음이 전략의 문제이다. 바꿔 말하면 시장에 참여하는 사람들의 심리를 파악하고 이를 활용할 수 있다면 수익을 올릴 가능성이 높아진다는 말이다.

그렇다면 시장 참여자들, 다른 투자자들의 심리를 어떻게 파악할 수 있을까? 주가 차트에 나타나는 여러 가지 신호를 통해 시장의 심리를 읽어 내고 이를 투자에 활용할 수 있다.

거래량

거래량이란 특정한 시점에 어떤 대상이 거래되는 수량을 의미한다. 거래량이 많다는 것은 특정 시기에 많은 사람이 거래에 참여하고 있고, 그만큼 사람들의 관심이 높다는 것이다. 좀 더 엄밀히 말하자면, 차익 실현의 욕구를 가진 사람과 향후 수익을 기대하는 사람이 많다는 것을 의미하기도 한다. (거래는 항상 쌍방향으로 이루어진다.)

거래량은 주식뿐만 아니라 다양한 투자 자산의 향후 가격 추이를 가늠할 때 중요한 지표로 여겨지는데, 통상적으로 상승 추세로 접어드는 시점에서 거래량이 증가하면 상승 추세가 이어질 것으로 판단하며, 하락 추세로 전환되는 과정에서 거래량이 증가하면 하락 추세가 이어질 것으로 해석한다.

앞서 살펴본 '박스권 투자 전략' 역시 투자자의 심리와 무관하지 않으며 거래량과 깊은 관련이 있기에, 여기에서 설명하는 거래량에 관한 설명을 보고 나서 박스권 투자 전략의 박스권 상향 돌파 시점과 하향 돌파 시점의 거래량 지표를 보면 좀 더 명확하게 거래량과 박스권 투자 전략을 이해할 수 있을 것이다.

몇 가지 사례를 보면서 거래량과 주가 흐름이 어떤 상관관계를 보여 주는지 확인해 보자.

[그림4-1] 네이버 주가 차트. 2019년 1월~2020년 1월

[그림4-1]은 네이버의 주가 일봉 차트이다. 2019년 3월부터 하락하던 주가가 5월 말 바닥을 찍고 상승하기 시작했고, 7월 말 대량의 거래를 수반한 장대 양봉이 출현한 이후, 주가는 꾸준히 우상향하게 된다. 10월 말과 11월 중순에도 거래량이 큰 폭으로 증가하면서 장대 양봉이 출현한 것을 볼 수 있는데 주가가 한 단계 상승하는 시점마다 대량 거래를 수반한 장대 양봉의 출현을 확인할 수 있다.

한편, [그림4-1] 차트에 음영 처리는 하지 않았지만 2019년 5월 말에도 거래량이 크게 증가한 날이 있었다는 것을 확인할 수 있다. 바닥권에서 거래량이 크게 증가한 이후 네이버의 주가는 하락을 멈추고 상승을 시작했다는 점을 눈여겨봐야 한다.

추세의 반전이 일어나거나 강한 상승 추세로 진행될 때, 그 시작점이 되는 날은 거래량이 크게 증가한다. 통상적으로 추세의 전환을 알

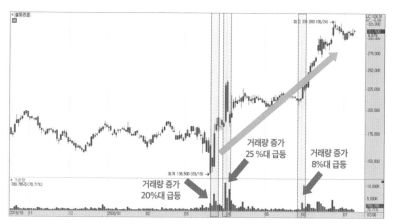

[그림4-2] 셀트리온 주가 차트. 2019년 10월~2020년 7월

리는 거래량은 직전 3일 평균 거래량의 4~5배 수준을 상회한다는 점
을 참고할 만하다.

다른 사례를 보자. [그림4-2]는 셀트리온의 주가 일봉 차트이다.
셀트리온은 2018년 말부터 하락 추세에 접어들었고 2020년 초까지
하락·횡보 국면이 진행되면서 많은 투자자를 고통스럽게 했다. 하지
만 차트에서 볼 수 있듯이 2020년 3월 말, 바닥권에서 거래량이 급증
하기 시작했고, 4월 초에도 많은 거래와 함께 장대 양봉이 출현한 모
습을 확인할 수 있다.

여기에서 발견할 수 있는 중요한 변화는 대량의 거래를 수반한 장
대 양봉의 출현 이후 셀트리온의 주가는 상승 추세로 전환되었다는
것이다. 또 한 가지 눈여겨볼 만한 점은 2020년 6월 초 거래량 증가

와 함께 발생한 장대 양봉 이후 가파른 주가 상승세를 보여 준다는 것이다.

셀트리온 역시 앞서 살펴본 네이버와 마찬가지로 바닥권에서 대량 거래가 발생한 이후 추세 반전이 일어났고, 그 이후 대량 거래를 수반한 장대 양봉이 발생하면서 주가가 강한 상승 추세로 전환되었음을 확인할 수 있다.

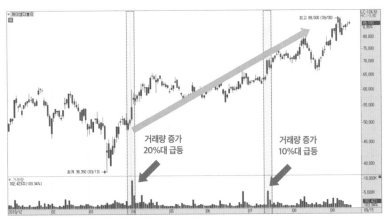

[그림4-3] 케이엠더블유 주가 차트. 2019년 12월~2020년 9월

[그림4-3]은 케이엠더블유의 주가 일봉 차트이다. 케이엠더블유는 2019년 10월 주가 고점을 찍은 이후, 2020년 4월까지 하락·횡보하면서 투자자들을 힘들게 한 종목이다.

케이엠더블유의 차트를 보면 2020년 4월 초, 거래량의 급증과 함께 장대 양봉이 출현했다는 것을 알 수 있다. 이날 케이엠더블유의 주가는 장중 20%대까지 상승한 이후 종가는 절반가량 상승폭을 반납한 수준으로 마무리되었지만, 이후 주가 흐름은 완연한 상승 추세로 전환했다는 것을 알 수 있다.

차트에서 확인할 수 있듯이 2020년 4월 초, 대량 거래를 수반한 장대 양봉의 출현 이후 주가는 서서히 상승했으며, 5월부터 7월까지 약 3개월 동안 횡보하며 물량을 소화하는 과정을 거쳤다. 횡보 과정을 거친 이후 7월 중순 대량 거래를 수반한 장대 양봉이 출현했고, 주가는 한 단계 레벨업했다는 것을 확인할 수 있다.

여기에서도 바닥권에서의 대량 거래는 추세의 반전과 상승 신호가 된다는 것을 알 수 있고, 상승 추세가 살아 있는 중에 대량 거래를 수반한 장대 양봉이 나온다면 큰 폭의 상승이 추가적으로 이어질 수 있음을 보여 주는 사례라고 할 수 있다.

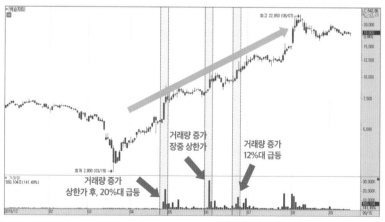

[그림4-4] 넥슨지티 주가 차트. 2019년 12월~2020년 9월

[그림4-4]는 넥슨지티의 주가 일봉 차트이다. 차트에서 볼 수 있듯이 2020년 4월 말, 5월 초, 5월 말에 눈에 띄게 거래량이 증가하면서 장대 양봉이 출현했다는 것을 확인할 수 있다. 넥슨지티의 주가는 대량 거래를 수반한 장대 양봉의 출현 이후, 한 단계씩 주가가 레벨업 하면서 상승했다는 것을 쉽게 확인할 수 있다.

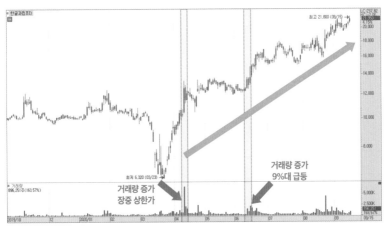

[그림4-5] 한글과컴퓨터 주가 차트. 2019년 10월~2020년 9월

마지막으로 살펴볼 사례는 [그림4-5]의 한글과컴퓨터의 주가 일봉 차트이다. 차트에서 확인할 수 있듯이 2020년 4월 초, 대량 거래를 수반한 장대 양봉이 출현했다. 한글과컴퓨터는 장중 상한가까지 가는 급등세를 보여 주었다. 대량 거래를 수반한 장대 양봉이 출현한 날 종가는 소폭 하락 마감했지만, 이후 약 2개월 동안의 횡보 과정을 거친 뒤, 6월 초 대량 거래를 수반한 장대 양봉이 출현하면서 본격적인 상승 추세로 접어들었음을 확인할 수 있다.

2020년 4월 초, 대량 거래와 함께 장중 상한가를 터치한 날 상한가 부근의 주가가 12,000원이었고 9월 중순 주가가 21,000원이라는 점을 생각해 본다면, 장대 양봉 이후 상승 추세에 올라탔다면 5개월 동안 약 70%의 수익을 올릴 수 있었을 것이다.

네이버, 셀트리온, 케이엠더블유, 넥슨지티, 한글과컴퓨터의 사례를 살펴보았다. 대량 거래를 수반한 장대 양봉이 출현한 이후 주가가 지속적으로 우상향하는 모습이 나타난다는 것을 확인할 수 있었다. 앞선 사례에서만 이런 패턴이 나타나는 것이 아니라 '대량 거래 & 장대 양봉 이후 주가 우상향' 사례는 시장에서 아주 흔히 발견할 수 있는 패턴이다.

5개 종목의 주가 차트를 소개한 것은 시가총액 30조가 넘는 대형주에서부터 시가총액 3,000억 이하의 소형주에 이르기까지 기업의 규모와 상관없이 이 같은 현상이 나타난다는 것을 보여 주기 위해서이다. 주식 시장의 모든 종목에서 나타날 수 있는 보편적인 현상이라는 것이다.

앞서 이야기하지 않은 것 중에서 하나만 더 이야기해 본다면, 추세 전환을 암시하는 대량 거래를 수반한 장대 양봉의 출현 이후, 주가가 곧바로 고공행진하거나 우상향 추세로 접어드는 것이 아니라 짧게는 1주일에서 길게는 3개월까지 횡보하면서 지루한 시간을 보내는 경우가 있다는 점이다.

보통의 투자자들은 3~4일이나 1~2주일 정도는 잘 버틸 수 있다. 그러나 1개월, 2개월을 지나 3개월이나 횡보 기간이 지속되면 어떤 생각이 들까? 상승하는 다른 종목을 보면서 상대적 박탈감을 느낄 수도 있고, 불확실성이 존재하는 상황에서 주가가 오랫동안 횡보하게 되면 상승에 대한 믿음이 약해질 수밖에 없다. 끊임없이 매도의 유혹을 받게 된다.

그렇기 때문에 지루하고 불안한 시간을 견디지 못하고 본전 부근에서, 혹은 약간의 수익에 만족하면서 매도하고 떠나는 경우가 많다. 매도하는 시점은 대체로 앞선 사례의 차트에 표시된 두 번째 대량 거래 & 장대 양봉 구간일 가능성이 높다.

좀 더 오래 버티면 더 빠르게 더 큰 수익을 누릴 수 있지만, 대다수의 개미는 그때가 지루함, 불안함에서 빠져나올 절호의 기회라고 생각하며 빠르게 수익을 확정 짓는 경우가 많다.

그렇다면 이쯤에서 한 가지 의문이 생길 법하다. 왜 대량 거래를 수반한 장대 양봉이 출현한 이후 조정 기간을 거치게 되는 것일까?

이것은 주식 투자의 매매에는 심리가 개입되어 있다는 것과 연결 지어 생각해 볼 수 있다. 거래량은 단순히 거래가 일어난 횟수, 수량만을 의미하는 숫자가 아니다. 거래량은 심리 지표이다. 그리고 거래량은 '매물대'와 함께 생각해야 한다. 매물대와 투자자의 심리를 생각해 보면 의문이 풀릴 것이다.

매물대

　매물대란 주식 매매의 결과물이 차트에 나타난 것이다. 특정한 가격대에서 얼마나 많은 거래가 이루어졌고, 그 가격대에 어느 정도의 물량이 존재하는지를 알려 주는 것이다. 매물대를 통해 시장 참여자들이 어느 가격대에 가장 많이 모여 있는지, 대다수 시장 참여자의 평균 단가가 얼마인지를 확인할 수 있다.

　매물대는 거래의 결과물이기 때문에 거래량과 관련이 있다. 거래량이 큰 폭으로 증가하거나 오랜 기간 횡보하는 구간에서 두터워진다. 많은 사람이 거래에 참여하기 때문이다. 매물대가 두터운 구간에는 많은 사람이 모여 있기 때문에 투자자들의 이해관계가 복잡하게 얽혀 있다. 탐욕과 불안, 손실 회피 등과 같은 심리적인 기제가 얽히고설킨 곳이 바로 매물대가 두터운 구간이고 그렇기 때문에 이곳을 주목해야 한다.

　그렇다면 매물대가 실제 주가의 움직임과 어떤 관련성이 있는지 예시를 통해 살펴보도록 하자. 앞서 살펴봤던 한글과컴퓨터, 케이엠더블유, 넥슨지티 그리고 네이버와 셀트리온 주가 차트를 준비해 보았다.

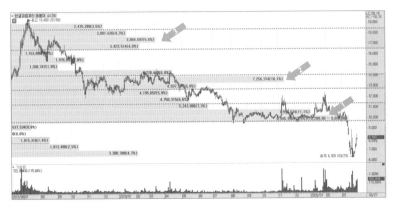

[그림4-6] 한글과컴퓨터 주가 차트, 2018년 6월~2020년 3월

　　[그림4-6]는 한글과컴퓨터 주가 일봉 차트 위에 매물대 차트를 겹쳐 놓은 것이다. 매물대의 개수는 20개로 설정하였다(매물대 설정 방법은 「부록」참고). 차트를 보면 특정 가격대에 유난히 길게 튀어나온 매물대가 있는 것을 확인할 수 있다(가로 막대가 길게 늘어진 구간).

　　특정 가격대의 매물대가 길게 나타난다는 것은 어떤 의미일까? 차트에 나타나는 기간 동안(2018년 6월~2020년 3월)의 매매를 종합했을 때, 거래에 참여한 많은 사람이 매물대가 길게 나타난 가격대에 주식을 보유하고 있다는 말이다.

　　가격대별로 눈에 띄는 구간을 찾아본다면 첫 번째 10,000~12,000원(화살표1), 두 번째 13,500~15,000원(화살표2), 세 번째 16,500~18,500원(화살표3) 정도를 꼽을 수 있다. 차트상으로는 3번 화살표 구간보다 화살표1과 화살표2 사이의 12,000~13,000원 구간에 매물이 더 많은 것으로 나타나고 있다.

하지만 매물대 차트의 의미를 해석할 때, 의미 있게 봐야 하는 구간은 매물이 줄어들었다가 눈에 띄게 증가하는 구간이다. 따라서 화살표1과 화살표2 사이의 구간보다 화살표3 부분의 매물대가 도드라지는 부분을 주목할 필요가 있는 것이다.

[그림4-6] 차트로 볼 때, 한글과컴퓨터는 2018년 7월에 주가가 고점을 찍었고, 그 이후로 1년 반 동안 하락 추세를 보여 왔다. 매물대의 크기와 주가 추이로 미루어 볼 때, 2018년 고점 부근에 물린 사람이 많은 것으로 보이며(화살표3), 2018년 11월~2019년 4월의 횡보 구간에서도 거래가 활발히 일어나면서 많은 매물이 쌓인 것을 확인할 수 있다(화살표2).

하지만 2019년 4월 이후 주가는 또다시 5개월 정도 하락했다. 이 과정에서 많은 투자자가 고통의 시간을 보냈을 것이다. 2019년 9월경부터 주가 하락세가 진정되고 간헐적으로 주가가 급등하는 모습이 나타났다. 주가가 급등할 때 투자자들의 관심을 받으면서 거래량이 크게 증가했다. 이 같은 일련의 과정을 거치면서 자연스럽게 매물도 많이 쌓인 것을 확인할 수 있다.

한편, 한글과컴퓨터 주가는 2020년 3월 대폭락 이후 빠르게 반등하면서 상승 추세를 이어 갔다. 우리나라 증시를 포함한 글로벌 증시가 폭락하는 '패닉셀'이 연출되었지만 빠른 반등과 함께 향후 전망에 대한 긍정적 평가가 나오면서 주가는 상승 추세로 이어졌다.

앞서 거래량에 대한 이야기에서 살펴봤듯이 대량 거래를 수반한 장대 양봉의 출현이 상승의 신호탄이었다. (코로나19로 인한 폭락과 반등은 예외 구간으로 본다.)

상승 추세로 전환한 한글과컴퓨터 주가는 이후 어떻게 움직였을까? 매물대와 어떤 관련이 있는 것일까? [그림4-7] 차트를 보면서 이야기해 보자.

[그림4-7] 한글과컴퓨터 주가 차트. 2019년 3월~2020년 9월

[그림4-7] 차트는 한글과컴퓨터가 오랜 횡보·하락을 끝내고 상승 추세로 전환한 이후의 주가 흐름을 보여 준다. 차트에는 붉은색 박스와 함께 화살표를 표시해 두었다. 붉은색 박스 구간은 주가가 조정을 받는 구간이고, 화살표가 가리키는 것은 앞서 살펴본 [그림4-6]의 화살표1, 2, 3이 가리키던 매물대의 위치를 대략적으로 표시한 것이다. (시간이 지나면서 가격과 매물대의 길이가 바뀌기 때문에 완전히 일치할 수는 없다는 점을 감안하자.)

[그림4-7]의 매물대는 [그림4-6]의 매물대와 연결성을 가진다는 것

을 나타내기 위해 화살표 번호를 1′, 2′, 3′와 같이 표시하였다.

[그림4-7]에 나타난 현상을 있는 그대로 바라보자. 2020년 4월 9일 대량 거래를 수반한 장대 양봉이 나온 이후, 주가는 12,000원대에서 11,000원대로 떨어지면서 약 2주 동안 주가 조정을 받았다. 그러다가 4월 23일 거래량이 증가하면서 주가가 급등했고(전날 거래량의 약 5배, 장중 최대 13% 상승), 이후 주가는 약 2개월 동안 조정기를 거쳤다.

이때 주가는 12,000~13,000원대에서 맴돌았다. 이를 종합해 보면 화살표 1′, 2′가 위치한 첫 번째 붉은 박스에서 약 3개월 동안 조정을 받은 것이라 볼 수 있는데, 왜 하필 조정을 받은 가격대가 11,000~13,000원대일까? 이것은 결코 우연이 아니며 매물대와 깊은 관련이 있다.

[그림4-6]에서 확인했듯이 2020년 4월 이전, 1년 9개월 동안 가장 많은 매물이 쌓인 구간이 10,000~11,000원 부근이고, 그 위로도 적지 않은 매물이 쌓였다. 13,000~14,000원 부근에도 꽤 많은 매물이 쌓여 있었다. 정리해 보면, 10,000원 초·중반 사이에 많은 사람이 물려서 마음고생을 하고 있었다는 것이다.

한글과컴퓨터 주식을 샀다가 물린 사람들의 2020년 3월과 4월의 심정은 어땠을까? 아마도 3월 폭락의 두려움을 이겨 내지 못하고 큰 손실을 감수하면서 손절하고 시장을 떠난 사람도 있을 것이고, 주가가 반등하자 하루빨리 털고 나오고 싶은 마음이 든 사람도 있을 것이다. 3월 폭락을 버티고 주가 반등을 바라본 사람들 대다수가 본전만 오면 털고 나가겠다는 생각을 했을 것이고 이를 실천에 옮겼을 것이다.

다음의 경우를 한 번 생각해 보자.

당신이 평단 13,000원에 한글과컴퓨터 주식을 1,000만 원어치 보유한 사람이라고 가정하자. (비슷한 경험을 떠올려 보는 것도 좋을 것이다.)

2019년 6월, 주식을 매수한 이후 주가는 줄곧 하락했고, 2019년 9월에는 -30% 정도의 손실을 기록한 상황을 맞이했다. 그러다가 2개월 정도가 지난 11월에 급등하면서 수익률이 -8%가 되었고 본전이 오면 팔아야겠다고 마음먹었다. 그렇지만 주가가 다시 떨어지면서 수익률이 -30%로 되돌아갔다면 어떤 마음이 들겠는가?

-8%에서라도 팔았다면 80만 원 손해를 보지만 그래도 220만 원은 건질 수 있었을 텐데라는 아쉬움이 남기도 할 것이고, -8%에서 팔고 -30%인 지금 다시 샀으면 좋았을 텐데라고 생각할 수도 있다. 그러다가 또 3개월이 지난 뒤, 주가가 급등하면서 수익률이 -8% 수준까지 올라왔다면 과연 그때 팔 수 있겠는가? 아마도 팔기 힘들 것이다. 3개월 더 마음고생한 것에 대한 보상을 받고 싶기도 하고, 이번에는 왠지 본전까지 갈 수 있을지도 모른다는 생각을 할 수 있다.

그러나 현실은 어떤가? 주가는 또다시 떨어지고, 설상가상으로 코로나19 이슈로 시장이 폭락하면서 반 토막을 넘어서서 -60%까지 손실을 봤다. 시장이 완전히 무너지고 전 세계 경제가 무너질 것이라는 이야기가 들린다. 너무 불안하고 두려워서 지금이라도 손절해야 하나라는 생각이 들 수도 있다.

하지만 마음을 다잡고 버텨 보자는 생각으로 있었더니 다행히 주가는 가파르게 반등하면서 다시 -30%까지 수준까지 회복했고, 2020

년 4월 8일에는 급등하면서 평가 손익이 -5% 수준이 되었다. 3월 중순, 시장이 폭락했을 때 왜 더 사지 못했을까를 자책하지만 이미 지나간 일이다. 그보다는 지금이라도 손해를 좀 보고 팔아야 하나를 고민하게 된다. 앞서 두 차례나 후회한 적이 있기에, 이때 파는 사람도 많을 것이다. 하지만 그동안 기다린 것에 대한 보상심리가 작동하여 기다려 보기로 한다.

그런데 어찌된 일인가? 주가는 또다시 하락하면서 2주 동안의 주가 조정 기간에 들어간다. 2주, 얼마나 긴 시간인가? 더 중요한 점은 주가 조정이 2주로 끝날지 더 오래 지속될 것인지 모른다는 것이다. (우리는 지금 이미 지나간 과거를 보기 때문에 2주로 끝난 것을 알지만, 미래를 알 수 없는 상황에서는 시간은 더디게 흐르고 불안감은 더욱 크다.) 그러면서 주가가 조정받는 2주 동안 자책을 하게 된다. '올랐을 때 팔았으면 손실이 더 적을 텐데'라는 식이다.

그러다가 2주가 지난 4월 23일, 주가가 갭 상승을 하면서 급등한다. 계좌에도 잠시 빨간불이 들어왔다. 팔아야 할지 말아야 할지를 고민하는 사이, 주가는 또다시 떨어지면서 마이너스가 되었다. 4월 8일의 일봉 차트를 보면 위꼬리가 긴 음봉이 생겼는데, 이는 주가가 급등하자 그동안 물려 있던 많은 사람이 본전 부근에서 털고 나왔기 때문일 것이다.

하지만 매도하지 않은 사람은 어떤 심정일까? 이때부터 주가는 2개월 이상 13,000원 본전 부근에서 매일 플러스와 마이너스 사이를 오간다. 여기에서 더 떨어지면 손해를 볼 수도 있고, 얼마나 오랫동안 기다려야 할지도 모르는 불안감이 커진다. 주가가 앞으로 어떻게 될 것인지, 조정은 언제 끝날 것인지 아무도 모른다.

이런 불안이 1~2주도 아니고, 한 달도 아닌 3개월 동안 지속된다고 생각해 보라. 1년 가까이 마음고생한 사람이 버틸 수 있을까? 심지어 -60%까지 손실을 봤다가 이제 겨우 본전까지 왔는데 떨어지면 어떤 마음이 들까? 더욱 중요한 것은 나는 1년 넘게 물려서 마음고생을 하고 있는데 다른 종목들은 고공행진을 한다는 것이다. 이 상대적 박탈감은 어찌하겠는가? 이 종목을 들고 있으면서 수익은커녕 손실이 나지 않을까 하루하루가 불안할 뿐이다.

이 같은 상황이 되면 아마도 대다수의 개미는 본전 부근에서 약간의 수익을 챙기고 매도하거나, 약간의 손실을 감수하면서 매도할 것이다. 주가가 3개월이나 횡보 조정을 거친 이유는, 오랫동안 버티면서 마음고생한 개미들이 쏟아내는 물량을 조금씩 소화하는 데 시간이 오래 걸리기 때문이다.

3개월 동안의 조정을 마친 뒤 주가는 어떻게 되었나? 2020년 6월 11일부터 급등, 급등, 하락, 급등의 움직임을 보이면서 오랜 기간 버텨 오다가 본전 부근에서 털고 나간 개미들이 쫓아오지 못하게 만들고 상승해 버렸다. 아마도 조정 구간에서 털고 나온 개미들은 허탈했을 것이다. 그러면서 한글과컴퓨터를 다시는 쳐다보지 않으리라 다짐했을 것이다.

한 차례 급등이 있고 나서, 주가 상승세는 16,000원 부근에서 멈추었다. 그곳에 누가 있는가? 2년 동안 마음고생한 개미들이 모여 있다. 이곳에서도 주가는 상승과 하락을 반복하면서 조정 과정을 거쳤다. 그 기간 역시 2개월이 넘는 시간이었다.

과연, 2년을 마음고생한 개미들이 2개월 동안의 조정을 잘 버틸수 있었을까? 2년 버텼는데 2개월을 못 버텼을까라는 생각을 할 수도 있겠지만, 2개월 동안 본전과 마이너스를 수차례 오가는 것을 보면 불안한 마음이 안 생길 수가 없다. 그 당시에는 주가 조정이 2개월이 될지, 3개월이 될지, 1년이 될지 모르는 상황이기에 흔들림 속에서 버티기란 쉽지 않다.

이 이야기가 소설처럼 들리는가?

대부분의 투자자는 수익을 내기보다는 손실을 회피하는 쪽을 택한다. 또다시 손실을 보면서 오랜 기간을 기다려야 할 수도 있다는 불안감을 가지는 것보다 내가 지금 당장 '손해를 보지 않는 행동'을 선택하는 것이 합리적인 판단이라고 생각하는 것이다.

아마도 많은 사람이 이와 같은 경험을 하고 비슷한 감정을 느껴 보았을 것이다. 대부분의 투자자는 손실을 회피하고 싶고, 오랜 기다림, 마음고생에 대한 보상도 받고 싶어 한다. 그렇기 때문에 매물대가 두텁게 형성된 곳에서는 으레 '악성 매물'이라는 본전 심리가 발동된 물량이 쏟아지기 마련이고 그로 인해 주가는 조정받는다.

매물이 쏟아지는 지점에서 상승의 에너지가 강하지 않은 경우에는 매물을 소화하지 못하고 주가가 하락하는 경우도 많다. 즉 향후 상승에 대한 기대감을 가지고 매수에 참여하는 사람의 숫자가 적거나, 상승에 대한 의지가 약하다면 주가는 또다시 하락하면서 오랜 시간 인고의 시간을 감내해야 할 수도 있다.

한글과컴퓨터와 같은 중소형주에서만 이런 현상이 나타나는 것일까? 다음 사례를 살펴보면 결코 그렇지 않다는 것을 확인할 수 있다.

[그림4-8] 케이엠더블유 주가 차트. 2019년 8월~2020년 4월

[그림4-8]은 5G 테마 대장주로 불리는 케이엠더블유의 주가 차트이다. 케이엠더블유는 시가총액 3조 원이 넘는 종목으로 코스닥 시가총액 순위 8위이며, 코스피와 코스닥을 모두 합쳐도 시가총액 100위 안에 들어가는 비교적 규모가 큰 기업이다(2020년 9월 기준).

[그림4-8]에도 임의로 초록색 박스를 표시해 두었다. 차트에 나타난 기간인 2019년 8월부터 2020년 4월까지 기간 중 투자자들이 눈여겨봐야 할 지점은 매물대가 많이 쌓인 53,000~63,000원 구간(화살

표1), 그리고 그 위쪽으로 전고점 부근인 71,000~75,000원 구간이라고 할 수 있다. 차트상 매물이 가장 많이 쌓인 곳은 45,000~50,000원 구간이지만 4월 초에 강한 상승을 하면서 매물대를 돌파한 상황이기 때문에 4월 중순 시점에서는 이미 지나간 5만 원 이하의 매물은 신경 쓸 필요가 없다.

[그림4-8]을 기준으로 향후 흐름을 예측해 본다면, 현재 55,000~60,000원의 매물을 소화하는 구간에 접어든 상황이기 때문에 일정 기간 조정을 거치면서 매물 소화를 해야만 상승할 수 있을 것이라고 생각할 수 있다. 또 매물 소화가 이루어지고 나서 재차 상승한다면 아마도 70,000~75,000원 부근에서 다시 한 번 주가 조정 시기가 찾아올 것이라고 생각해 볼 수 있다.

만약 2020년 4월 중순을 기준으로 어떤 사람이 5G 테마에 단기로 투자하기로 마음먹고 케이엠더블유를 매매한다면, 1차 목표가를 72,000원 정도 잡고 대응하는 것이 비교적 짧은 기간 동안 안전하게 수익을 올릴 수 있는 방법이 될 수 있다. 그렇다면 과연 4월 중순 이후 케이엠더블유의 주가는 어떻게 움직였을까?

[그림4-9]를 보면 어느 가격대에서 조정을 거치면서 주가가 떨어졌는지 확인할 수 있다. 그 결과는 우리의 예상과 크게 다르지 않다.

[그림4-9] 케이엠더블유 주가 차트. 2019년 9월~2020년 9월

　[그림4-9]의 첫 번째 붉은색 박스(화살표1′)를 통해 케이엠더블유의 주가가 3개월이 조금 넘는 기간 동안 횡보 조정을 거쳤음을 확인할 수 있다. 이 기간 동안 주가는 저점 라인 57,000원, 상단 라인은 65,000원의 작은 박스권을 만들면서 등락을 거듭했다.

　3개월은 꽤나 긴 시간이다. 아마도 2019년 말과 2020년 초에 케이엠더블유를 매수했던 사람들 중 많은 이가 이 구간에서 매도했을 가능성이 높다. 4월 초에 5G 테마의 상승을 노리고 진입했던 사람들 중에서도 3개월이라는 조정 기간 동안 별다른 수익을 취하지 못하고 매도를 하고 떠났을 가능성이 높다는 것이다.

　더욱이 이 기간 동안에는 인터넷, 바이오, 전기차, 게임 관련주 등 소위 'BBIG 7'의 주가가 가파른 상승세를 보여 주었기 때문에 5G 테마에 투자한 사람들은 상대적 박탈감을 느끼면서 종목 교체에 나섰을 가능성이 높다.

3개월 동안의 주가 조정 이후에는 어떻게 되었는가?

본전 심리(손실 회피)와 상대적 박탈감에 상처받은 투자자들이 떠나고 난 뒤 케이엠더블유의 주가는 급등, 급락, 급등을 반복하면서 한 단계 레벨업했다. 또 한 차례 큰 조정을 맞이한 구간은 화살표2′ 부분이고, 이 부분의 가격대는 [그림4-8]의 화살표2 부분과 대체로 일치한다.

그리고 나서 어떻게 되었는가? 주가는 가파르게 상승했다. 개미들은 넋 놓고 주가 상승을 바라봐야 했다. 2019년 9월, 고점 부근에서 물려서 1년 가까이 마음고생을 하던 개미들은 아마도 2020년 8월 초와 9월 초에 매도를 하고 나왔을 가능성이 높다.

다음 사례를 보자. [그림4-10]은 넥슨지티의 주가 일봉 차트이다.

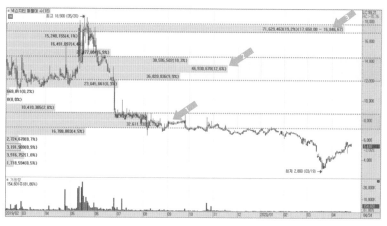

[그림4-10] 넥슨지티 주가 차트. 2019년 2월~2020년 4월

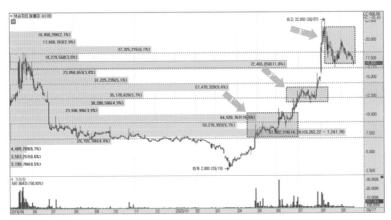

[그림4-11] 넥슨지티 주가 차트. 2190년 4월~2020년 9월

넥슨지티는 2019년 5월에 급등하며 고점을 찍었고, 그 이후 큰 폭으로 하락하면서 투자자들에게 큰 손실을 안겨 준 종목이다. 2019년 6월 급락 이후 약 1년 동안 하락 조정 기간을 거쳤고, 특정 가격대에 상당히 많은 매물이 쌓여 있는 확인할 수 있다.

앞선 사례들과 마찬가지로 [그림4-10]에서 눈여겨볼 만한 매물대는 7,500~8,500원(화살표1), 12,000~14,000원(화살표2), 16,500~18,000원(화살표3)이다. [그림4-11] 차트에서 확인할 수 있듯이 이 매물대는 (화살표1, 2, 3) 2020년 4월부터 주가가 상승세를 이어 갈 때 주가가 조정을 받았던 지점과 밀접한 관련이 있다.

넥슨지티는 2020년 4월 말, 대량 거래를 수반한 장대 양봉의 출현 이후 1개월 정도 7,500원 부근에서 주가가 조정을 받았으며, 5월 초 대량 거래와 장대 양봉 출현 이후에는 9,000~10,000원 부근에서 1개월 정도 조정을 받았다(화살표1'). 조정 뒤 급등세를 이어 가다가 다시 브레이크가 걸린 지점은 12,500원 부근으로 [그림4-10]의 화살표2 지점과 무관하지 않다. 그리고 화살표2' 부근에서 조정을 끝낸 뒤 넥슨지티는 급등세를 이어 갔다.

2020년 7월 말부터 넥슨지티의 주가는 급등했고 상한가가 나온 이후 주가는 고점을 찍었다. 주가가 고점을 찍은 이후 하락 조정을 맞이한 가격대가 [그림4-10]의 화살표3 부근이라는 점은 우연이 아닐 것이다.

1년 6개월 동안 마음고생하며 기다린 사람들은 뜻밖의 급등과 상한가를 맛보았을 것이고 서둘러 본전 부근에서 매도한 사람도 있을 것이고, 더 높은 상승을 기대하다가 주가가 고점을 찍고 하락할 조짐을 보이자 재빨리 매도 버튼을 누른 사람도 있을 것이다.

물론 이 시기에는 주가가 고공행진을 하며 상승하였기에 단기 상승에 따른 차익을 노리고 단타에 뛰어든 사람들까지 가세하여 매매 주체 간에 이해관계가 복잡하게 얽히면서 주가는 큰 변동성을 보여 주었다. 아마도 주가가 과거의 전고점 부근에 머물러 있었다는 점을 염두에 둔 투자자라면 섣불리 단기 차익을 노린 매매에 참여하지는 않았을 것이다.

이 같은 사례로 볼 때, 매물대와 주가 조정의 상관관계는 비교적 명확해 보인다. 하지만 독자들 중에는 아직도 그 관계를 의심하면서 후견지명에 불과한 것 아니냐고 반문할지도 모른다. 매물대와 주가 조정의 상관관계가 의심된다면 지금 당장 자신이 보유한 종목의 차트를 돌려보기 바란다. 상승하던 주가가 언제 조정을 받았는지 스스로 확인해 보면 매물대의 유용성이 피부에 와 닿을 것이다.

주식 시장은 결코 이성적이거나 합리적인 곳이 아니다. 인간의 탐욕과 불안, 정박효과(anchoring), 손실 회피, 확증 편향 등 다양한 심리적 요소가 주식 거래에 녹아들어 있고, 그중 일부가 차트를 통해 드러난다. 이처럼 비합리적이고 이성적이지 않은 사람들의 매매행태는 결국 누군가에게는 초과 수익을 안겨 주게 되고, 또 다른 누군가에게는 손실을 안겨 주게 된다.

마지막으로 매물대와 관련하여 주가 차트 2개를 준비해 보았다.

[그림4-12]는 네이버의 주가 일봉 차트이고, [그림4-13]은 셀트리온 주가 일봉 차트이다.

각각의 차트에 임의로 초록색 박스를 그려 넣었다. 매물대가 두드러지는 지점으로서 의미 있게 봐야 할 부분이기에 별도로 표시해 둔 것이다. 그렇다면 과연 네이버와 셀트리온의 주가가 상승 추세로 돌아섰을 때 어떤 움직임을 보여 주었을까? 네이버와 셀트리온의 주가가 상승하면서 조정받을 만한 구간을 생각해 볼 수 있겠는가?

이 부분은 독자들에게 부여하는 숙제이다. 주가가 조정받았을 것이라고 생각하는 가격대를 설정해 보기 바란다. 그리고 네이버와 셀트리온의 주가가 실제로 어떻게 움직였는지 확인해 보기 바란다. 더나아가 본인이 보유하고 있는 종목이나 관심 종목이 미래에 어느 지

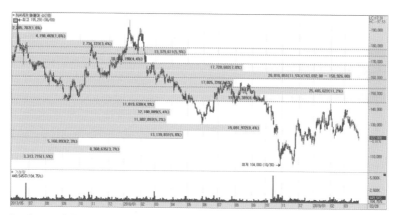

[그림4-12] 네이버 주가 차트. 2017년 6월~2019년 3월

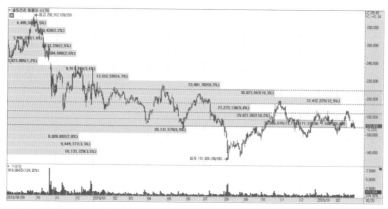

[그림4-13] 셀트리온 주가 차트. 2018년 8월~2020년 2월

점에서 주가가 조정받을 것인지도 생각해 보기 바란다.

이런 일련의 과정을 거치면서 주식 투자에 임한다면 주식 투자가 더 재미있어질지도 모른다. 물론 매매 타이밍을 잡는 능력이 길러지는 것과 수익을 얻는 것은 덤이다.

보조지표 : MACD

주식 시장의 오랜 역사 동안 좀 더 효과적으로 수익을 얻기 위해 많은 사람이 여러 가지 보조지표를 개발했고, 지금은 클릭 한 번으로 보조지표를 이용할 수 있게 되었다. 보조지표들은 각각 나름대로의 복잡한 계산식을 가지고 있지만 지금은 복잡한 계산식을 이해할 필요 없이 자동으로 계산되는 결과값을 확인할 수 있기 때문에 투자자들은 보조지표가 나타내는 신호의 의미를 해석하고 매매를 진행하면 된다. 그러나 무엇보다도 보조지표 활용에 있어 무엇보다 중요한 것은 투자자 본인이 감정을 통제하고 보조지표가 나타내는 신호를 바탕으로 이성적으로 매매를 할 수 있는지 여부라는 점을 명심하자.

어떤 보조지표를 이용해야 할까?

주식 투자에 이용할 수 있는 보조지표는 100가지가 넘기 때문에 무엇을 이용해야 할지 고민이 될 수 있다. 여러 가지 보조지표를 이용하여 주가의 흐름을 예측하면서 투자에 임하면 좋겠지만, 여기에서는 시장의 흐름(추세)과 더불어 시장의 과열과 침체를 가늠할 수 있도록 도와주는 보조지표 MACD(Moving Average Convergence & Divergence)에 대해서 이야기하겠다.

시장에서는 항상 황소(매수)와 곰(매도)의 싸움이 벌어지고 있고 그 흔적이 차트로 나타나는데, MACD에는 힘의 강약과 추세가 드러난다. MACD만 잘 숙지해도 매수·매도 타이밍을 적절히 잡아낼 수 있고 나아가 수익을 극대화할 수 있다. 보조지표는 시장에 참여하는 사람들의 심리를 간접적으로 나타내 주기 때문에 이를 적절히 활용할 수 있어야 한다.

MACD는 시장에서 가장 보편적으로 사용되는 보조지표로서 월가의 주식 분석가이자 펀드 매너지였던 제럴드 아펠(Gerald Appel)이 1979년에 개발한 것으로 알려져 있다. MACD는 3개의 지수 이동 평균선(12일, 26일, 9일 이동 평균선)으로부터 그 값이 산출되며, MACD선과 시그널선이 각각 어떻게 움직이고, 언제 교차하는가에 따라서 매수·매도를 판단할 수 있도록 고안된 것이다.

투자자들이 MACD를 활용할 줄 알아야 하는 이유는 MACD가 시장에서 가장 보편적으로 사용되기 때문이다. '많은 사람이 사용하면 그 가치가 떨어지는 것이 아닌가'라고 생각을 할 수도 있지만, 역으로 많은 사람이 사용하기 때문에 시장의 추세와 심리가 반영된다는 점을 생각해야 한다. 그렇기 때문에 MACD의 움직임을 통해 시장의 흐름을 파악하고 매매에 활용할 필요가 있는 것이다.

물론 MACD에도 단점은 있다. MACD는 선행 지표가 아니라 후행 지표로 인식된다는 점이다. 즉 MACD는 시장의 흐름을 예측하고 미리 움직이는 것이 아니라, 그날의 종가를 바탕으로 그 값이 산출되고 그 데이터를 바탕으로 시장과 개별 종목의 방향이 나타난다. 결과값을 바탕으로 시장의 방향성을 나타내기 때문에 후행 지표가 되는 것이다.

따라서 MACD를 활용하되 '후행'이라는 단점을 보완하기 위해서 다른 보조지표를 함께 활용할 수도 있고 MACD를 해석하는 방법을 터득할 필요가 있다. 여기에서는 MACD가 보여 주는 신호를 파악하고 흐름을 해석하는 방법에 대해서 다룰 것이다. 다른 보조지표에 대해서 더 공부하고 싶은 사람들은 보조지표에 대해서 다룬 다른 책을 참고하기 바란다.

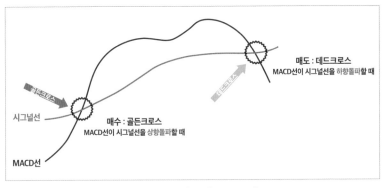

[그림4-14] MACD 기본 개념도. 골든크로스 매수, 데드크로스 매도

[그림4-14]는 MACD 지표를 이해하기 위한 기본적인 개념도이다. MACD는 시그널선과 MACD선 2개로 이루어져 있으며, MACD선의 움직임에 따라 주가의 방향과 추세를 판별할 수 있다.

MACD를 이해하고 활용하는 기본적인 방법은 MACD선이 시그널선을 골든크로스할 때 매수(MACD선이 시그널선을 아래에서 위로 통과할 때 매수), 데드크로스할 때 매도(MACD선이 시그널선을 위에서 아래로 통과할 때 매도)를 하는 것이다. MACD선이 시그널선을 골든크로스한다는 것은 추세적으로 상승 추세가 굳어진다는 것을, 데드크로스는 추세적으로 하락 시기에 진입한다는 것을 의미하므로 데드크로스가 난 직후에는 매수를 보류하거나 매도를 하는 편이 더 낫다.

이와 같은 아주 간단한 원리를 이용해서 매매를 진행해도 충분히 수익을 낼 수 있다. 물론 MACD가 후행 지표이기 때문에 바닥에서 사서 머리에서 파는 것은 불가능하지만, 상승 추세가 확인되는 무릎 지점에서 사서 고점을 찍은 뒤 하락 추세로 접어든 어깨에서는 팔 수 있다.

이처럼 MACD의 기본(골든크로스, 데드크로스)만 이용해도 되지만 좀 더 적극적으로 MACD를 활용할 수도 있다. 단순히 매수·매도 신호의 발생 여부만 확인하면서 매매에 활용하는 것을 넘어서서 MACD를 선행 지표처럼 활용할 수도 있다. 여기에는 MACD에 대한 주관적인 해석이 들어가는데, 이를 이해하기 위해서는 약간의 노력이 필요하다.

[그림4-15](218쪽)는 앞서 살펴봤던 [그림4-14] MACD 기본 개념에 MACD선의 기울기와 이격에 관한 내용을 추가한 것이다. MACD선은 주가의 추세를 나타내는 선이라고 볼 수 있으며 그 움직임에는 굴곡이 존재한다. MACD선의 움직임을 살펴보면 어느 순간부터 MACD선의 기울기가 증가하는 것을 확인할 수 있다.

MACD선의 기울기가 증가한다는 것은 상승 추세의 힘이 강해진다는 것을 의미하며 기울기가 증가하는 시기(MACD선이 위쪽으로 꺾이

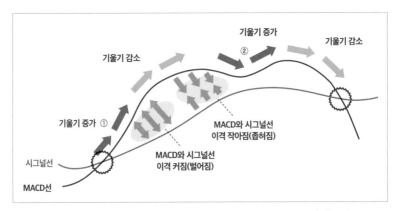

[그림4-15] MACD의 기울기와 이격도의 변화는 추세의 변화를 가늠할 수 있게 해 준다.

면서 올라가는 경우)에는 주가가 강하게 상승하는 경향을 보인다.

이와 반대로, 기울기가 감소하는 지점에서는 통상적으로 주가가 하락하거나 횡보하면서 주가가 조정받는 모습을 보여 준다. MACD 선의 기울기가 감소하는 것은 황소(매수)의 힘보다 곰(매도)의 힘이 더 강하다는 것을 의미하며, 주가가 가파르게 올랐기 때문에 차익 실현 매물이 많이 출회되거나 주가 상승으로 인한 부담으로 매수세가 약화된 것으로 이해할 수도 있다. 기울기는 많은 것을 함의한다.

[그림4-15]에는 노란색 음영과 초록색 음영으로 이격이 커지고 작아지는 구간이 표시되어 있다. 이격이 커지는 구간은 기울기가 증가하면서 주가가 상승하는 구간이고, 이격이 줄어드는 구간은 기울기가 감소하면서 주가가 하락·조정 국면에 접어드는 구간이다.

이격의 벌어짐 정도는 주가의 과열 정도를 의미한다. 이격이 크게 벌어진다는 것은 기울기가 그만큼 크다는 것이고, 이격이 크게 벌어질수록 주가의 상승폭은 크지만 그만큼 과열 정도가 심해진다는 것이다. 따라서 이격이 크게 벌어진 뒤에는 필연적으로 이격을 좁히기 위한 주가 조정 과정이 뒤따르기 마련이며, 자연스럽게 MACD의 기울기가 감소하면서 이격이 좁혀진다. 이때 주가는 조정 국면에 돌입한다.

시장에서는 MACD선의 기울기가 증가하면서 MACD선과 시그널선 사이의 이격이 벌어지고, 기울기가 감소하면서 이격이 좁혀지는 과정이 반복적으로 나타난다. 이 과정을 실제 주가 차트와 비교해 보면 주가가 상승하고 조정을 받는 것과 연결되는 것을 확인할 수 있다.

주가 차트에서는 가격의 움직임만 표면적으로 나타날 뿐이지만 보조지표 MACD에서는 주가 차트에서 보이지 않는 주가의 상승 탄력과 추세의 움직임이 드러난다. 그것들을 세밀하게 살피기 위해서 기울기와 이격을 잘 살펴봐야 한다.

MACD선의 움직임을 유심히 살펴봐야 하는 지점은 MACD선이 한 차례 상승한 뒤([그림4-15]의 ①), 기울기가 감소하며 이격이 좁혀지면서 시그널선과 가까워졌을 때와 그 이후([그림4-15]의 ②)이다. 한 차례 상승을 끝낸 주가가 조정받고 난 뒤, 어떤 움직임을 보여 줄 것인지 결정되는 곳이 바로 이 지점이다([그림4-15]의 ② 부분. 두 번째 기울기 증가가 시작되기 바로 전 지점). 여기에서 MACD선이 위쪽으로 기울기를 증가시키고 이격을 벌리면서 움직이느냐, 그러지 않고 데드크로스를 만드느냐에 따라서 주가 상승과 하락이 결정된다.

만약 MACD선이 시그널선에 근접 후에 [그림4-15]의 ② 이후 부분에 보이는 것처럼 재차 기울기가 우상향하면서 상승 추세로 돌아서면 주가는 이전의 상승보다 더욱 강한 상승을 보여 주는 경우가 많다. 1차 상승(첫 번째 기울기 증가 부분)보다 2차 상승(두 번째 기울기 증가 부분)이 더욱 강력한 시세를 분출하는 경우가 많은 것이다.

물론 반대로 데드크로스가 발생한다면 주가는 완연한 하락 추세로 접어드는 것이라고 할 수 있기 때문에 매수를 보류하거나 매도를 하는 것이 현명한 판단이 될 수도 있다.

실제 사례로 네이버, 케이엠더블유, 한글과컴퓨터의 일봉과 주봉 차트를 살펴보면서 MACD의 변화와 주가의 움직임을 비교해 보자. 이를 통해 보조지표 MACD를 실전에서 어떻게 활용할 수 있을지를 생각해 볼 수 있다.

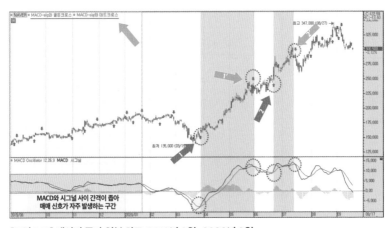

[그림4-16] 네이버 주가 일봉 차트. 2019년 8월~2020년 9월

[그림4-16]은 네이버 일봉 차트이다. 왼쪽 상단에 'MACD-sig와 골든크로스', 'MACD-sig와 데드크로스'라고 되어 있는 것은 MACD가 시그널선을 골든크로스하거나 데드크로스할 때 차트에 신호(작은 화살표)가 자동으로 표시가 되도록 설정해 두었다는 의미이다. (스마트폰의 MTS에서도 신호 설정이 가능하다. HTS와 MTS에서의 MACD 신호 설정 방법은 「부록」을 참고하자.)

[그림4-16]을 보면 왼쪽에 노란색 음영으로 표시된 구간이 있다. 노란색 박스 구간의 차트 아래쪽 보조지표 MACD를 보면 이 구간은 MACD선(검은색)과 시그널선(붉은색) 사이에 이격이 거의 없다는 것을 알 수 있다.

보조지표 MACD는 기본적으로 MACD선과 시그널선의 교차를 통해서 매수·매도 타이밍을 잡아야 하는데, 이처럼 둘 사이에 간격(이격)이 작은 곳에서는 신호가 자주 발생하기 때문에 일봉 차트에서 MACD 신호를 매매 기준으로 삼기 애매한 경우가 종종 발생한다.

그렇다면 MACD가 보내는 신호는 무용지물일까?

그렇지 않다. 앞서 이야기했듯이 MACD는 주가의 추세를 판단하는 데 유용하게 쓰일 수 있는 보조지표라고 했다. 따라서 노란색 박스 구간처럼 골든크로스와 데드크로스 신호가 너무 자주 발생해서 신호에 따라 매매하기가 애매한 구간에서는 좀 더 큰 시간 단위 차트인 '주봉 차트'를 활용하면 된다. MACD는 시장이나 개별 종목의 추세를 보여 주기 때문에 주봉에서는 좀 더 큰 흐름에서 추세를 확인할 수 있다.

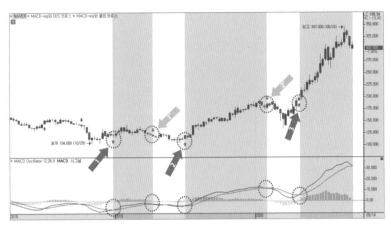

[그림4-17] 네이버 주가 주봉 차트. 2018년 4월~2020년 9월

[그림4-17]은 네이버의 주봉 차트를 나타낸 것인데, 2019년 7월에 MACD선이 시그널선을 상향돌파(골든크로스)하면서 매수 신호가 뜬 이후(화살표2), 2020년 2월까지 아무런 신호가 나타나지 않다가 2020년 2월 초에 데드크로스와 함께 매도 신호가 나타난 것을 확인할 수 있다(화살표2′).

이 기간 동안 일봉 차트([그림4-16])에서는 여러 차례 매수·매도 신호가 떴다는 것을 생각해 보면 매우 단조로운 차트이다. 마찬가지로 2020년 4월부터 지속적인 상승세를 이어 갈 때, 일봉 차트에서는 여러 차례 매수·매도 신호가 발생하였지만 [그림4-17] 주봉 차트에서는 4월에 한 차례 골든크로스가 발생한 이후(화살표3), 9월까지 매도 신호가 발생하지 않았다. 중간에 몇 차례 주가가 등락을 거듭하였지만 MACD 주봉 차트를 매매 기준으로 삼는 사람이었다면 흔들리지 않고 홀딩하면서 수익을 극대화할 수 있었을 것이다.

일봉 차트는 시간의 단위가 하루이고, 주봉 차트는 시간의 단위가 1주일(5거래일)이기 때문에 주봉 차트의 MACD 움직임은 일봉 차트보다 느릴 수밖에 없다. 반응이 더 느리다는 것은 상승 추세로 전환했을 때 좀 더 늦게 매수 신호(골든크로스)가 발생할 수 있고, 하락 추세로 전환할 때 좀 더 늦게 매도 신호(데드크로스)가 발생할 수도 있다는 뜻이다. 한편으로는 추세의 변화에 둔감하기 때문에 확실한 시점이 되어야 추세가 바뀐다는 점에서 불필요한 행동을 하지 않도록 줄여 주는 역할을 한다.

따라서 노련한 투자자라면 주가의 큰 흐름은 주봉을 통해서 파악하되 매매의 적절한 타이밍은 일봉상에서 잡으면서 수익을 극대화할 수도 있는 것이다. (물론 타이밍을 잡는 것이 쉬운 일은 아니다. 많은 연습과 경험이 필요하다.)

한편, [그림4-16] 네이버 일봉 차트를 보면 2020년 3월 말 골든크로스(매수) 신호가 뜬 뒤(화살표1), MACD선과 시그널선 사이의 이격이 벌어지면서 주가가 상승했고, 이후 MACD선의 기울기가 줄어들면서 주가가 조정받았다는 것을 확인할 수 있다. 그리고 나서 MACD선과 시그널선 사이의 이격이 좁혀지는 과정을 거친 뒤, MACD선의 기울기가 다시 우상향하기 시작할 때 주가는 더 큰 상승을 보여 주었다. (2020년 4월 중순 이후의 주가 흐름 참고)

또한 [그림4-17] 네이버 주봉 차트의 화살표1′, 화살표2′에서 볼 수 있듯이 주가가 본격적인 하락 조정기에 접어들기 며칠 전부터

MACD선은 상승 탄력을 잃고 기울기가 줄어들었다. 이 시기의 주가
는 대체로 횡보하는 모습을 보였으며, MACD선이 완전히 꺾여 버리
자 주가 역시 하락하면서 조정받는다는 것을 확인할 수 있다.

주가가 가파르게 상승한 이후에 MACD선의 기울기가 감소하면서
시그널선과의 이격이 줄어드는 것은 상승 탄력이 둔화되었다는 의미
이며, 이런 현상이 목격될 경우 주가의 조정을 염두에 두어야 한다.
물론 주가의 조정이 항상 가격 조정으로 이어지는 것은 아니며, 이격
이 좁혀지는 과정을 거친 후 상승을 이어 갈 때는 더욱 강한 상승을
보여 준다는 점을 생각하자.

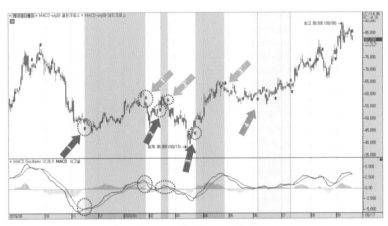

[그림4-18] 케이엠더블유 일봉 차트. 2019년 8월~2020년 9월

[그림4-18]과 [그림4-19]는 각각 케이엠더블유의 주가 일봉 차트
와 주봉 차트이다. 앞서 살펴봤던 네이버와 마찬가지로 주봉 차트에

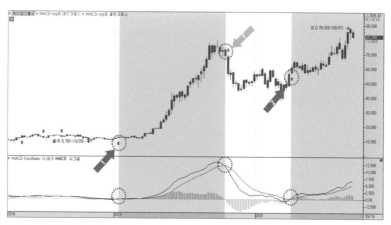

[그림4-19] 케이엠더블유 주가 주봉 차트. 2018년 4월~2020년 9월

비해 일봉 차트에서 매수·매도 신호가 많은 것을 확인할 수 있다.

주봉 차트를 보면 2019년 1월에 매수 신호(화살표1)가 발생한 뒤, 10개월 동안 매도 신호(데드크로스)가 한 번도 등장하지 않았다. 비록 [그림4-18]에는 2019년의 차트가 나와 있지 않지만 해당 기간의 차트를 확인해 본다면 매수와 매도 신호가 번갈아 가면서 여러 차례 등장했음을 알 수 있다.

이 경우에도 큰 추세로 주봉 차트를 참고하면서 MACD 신호로 매수·매도 판단을 내렸다면 주가 1만 원에서부터 주가 6~7만 원까지 오르는 상승을 누렸을 가능성이 높다. 앞서 이야기했지만 주봉 차트는 주가의 큰 흐름을 보여 준다는 점에서 불필요한 매매를 하지 않도록 해 주며, 상승 추세가 이어지는 동안 수익을 충분히 누릴 수 있도록 해 준다는 장점이 있다.

[그림4-19]의 주봉 차트를 보면 2020년 4월에도 매수 신호(골든크로스)가 발생한 이후 2020년 9월까지 아무런 신호가 발생하지 않고 있다. MACD 주봉 차트를 기반으로 하는 추세 추종 투자자라면 2020년 4월 매수 이후 홀딩 포지션을 유지하면서 수익을 누릴 수 있는 구간인 것이다. 하지만 2020년 8월 이후 급등과 함께 MACD선과 시그널선 사이의 이격이 벌어졌고 MACD선의 기울기가 줄어들면서 꺾일 조짐을 보인다는 점에서, MACD를 매매의 중요한 판단 기준으로 삼는 투자자라면 엑시트 가능성을 염두에 두고 있어야 하는 지점이기도 하다. (이후의 주가 흐름을 직접 확인해 보라.)

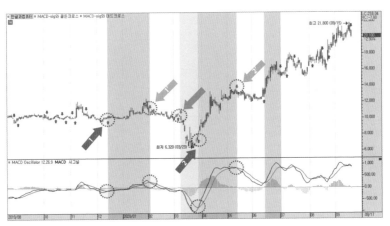

[그림4-20] 한글과컴퓨터 주가 일봉 차트. 2019년 8월~2020년 9월

[그림4-20]과 [그림4-21]의 한글과컴퓨터의 주가 차트를 살펴봐도 유사한 흐름을 보인다고 할 수 있다. 보조지표 MACD의 이 같은 흐

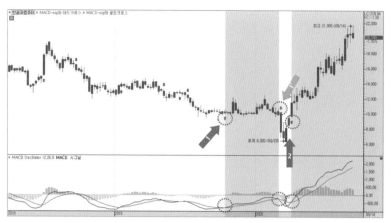

[그림4-21] 한글과컴퓨터 주가 주봉 차트. 2019년 4월~2020년 9월

름은 종목을 불문하고 나타나는 현상이다.

　한글과컴퓨터의 주가 차트를 보면 상승 추세에 접어들 때 일봉 차트에 먼저 신호가 나타고([그림4-20]의 화살표2) 상승 추세가 굳어지자 주봉 차트에서도 매수 신호가 떴다는 것을 확인할 수 있다([그림4-21] 화살표2). 이후 일봉 차트에서는 매수와 매도 신호 즉 골든크로스와 데드크로스가 반복적으로 등장했지만, 주봉 차트에서는 9월까지 매도 신호가 등장하지 않았다. 만약 주봉에서 매수 신호가 떴을 때 매수해서 지속적으로 홀딩했다면 9월까지 약 100%(2배) 정도의 수익을 올릴 수 있었을 것이다.

　과연 MACD가 보여 주는 추세와 신호가 네이버, 케이엠더블유, 한글과컴퓨터 사례에만 해당되는 것일까?

앞서 이야기했듯이 MACD의 추세와 신호는 개별 종목과 지수에서 보편적으로 나타나는 현상이다. 비록 MACD가 바닥에서 매수해서 머리에서 매도하는 것은 아니지만, 최소한 무릎에서 매수해서 어깨에서 매도할 수 있는 방법을 알려 준다는 점에서 상당히 유용한 지표가 될 수 있다.

지금 당장 본인이 보유한 종목의 현재 위치가 MACD의 어느 부분에 있는지 확인해 보기 바란다. 그리고 과거에 어떤 모습을 보여 왔는지 확인하면서 MACD의 활용법을 익히면 주식 투자가 좀 더 쉽게 느껴질 수 있다.

주린이
주식
과외하기

기본적 분석

주식 투자를 하면서 알아야 할 것이 많지만 그중에서도 재무제표의 기본적인 내용을 확인하는 방법은 빼놓을 수 없는 것 중 하나이다. 비록 이 책에서는 맨 뒷부분에서 재무제표에 관한 내용을 다루고 있지만 그렇다고 해서 결코 소홀히 해서는 안 된다.

기본적인 재무제표 보는 방법조차 모르고 주식 투자를 하는 것은 내가 다루는 재료가 무슨 맛, 무슨 향을 내는지도 모르고 음식을 만드는 것과 같다. 무슨 맛을 내는지, 무슨 향을 내는 것인지 제대로 알지도 못한 채 음식을 만든다면 어떻게 되겠는가? 제대로 된 음식이 만들어질 수가 없다. 그렇기 때문에 우리는 주식 투자라는 음식을 만들기에 앞서 항상 재무제표를 먼저 들여다보고, 이 주식이 '썩어서 못쓸' 재료인지, 맛있는 음식을 만들 수 있는 '신선한' 재료인지, 아니면 좀 더 숙성시켜야 할 재료인지 구분할 수 있어야 한다.

여기에서는 재무제표를 보는 기본적인 방법과 함께 재무제표를 보면서 꼭 봐야 할 핵심적인 내용 몇 가지만 짚어 보도록 하겠다. 재무제표에 관해 좀 더 심도 있게 공부하고 싶은 투자자들은 시중에 판매되는 재무제표 관련 책을 참고하기 바란다.

요즘은 재무 정보에 대한 접근성이 높아지면서 다양한 경로를 통해 재무에 관한 정보를 확인할 수 있다. 대표적으로 네이버 금융에서 종목을 검색한 후 재무 정보를 확인할 수 있고, 증권사 HTS나 MTS에서도 기업 정보 메뉴를 통해서 재무 정보를 확인할 수 있다. 다른 방법으로는 에프앤가이드(www.fnguide.com)나 와이즈에프엔(www.wisefn.com)과 같은 기업 정보 제공 업체에서 유료 서비스를 이용하는 것도 하나의 방법이다.

하지만 앞서 언급한 서비스들은 재무 정보가 보기 좋게 잘 정리되어 제공된다는 점에서 편리하게 이용할 수 있지만, 기업이 재무 정보를 공시한 시점과 정보가 반영되어 수치로 나타나는 데는 약간의 시차가 존재한다는 점이 단점이다. 기업의 사업 내용과 경쟁사 현황, 사업 부문별 매출 등과 같은 디테일한 내용이 모두 실리지 않는다는 점도 단점으로 꼽을 수 있다.

따라서 개인 투자자들은 금융감독원에서 운영하는 전자공시 시스템(dart.fss.or.kr)이나 한국거래소에서 운영하는 기업공시채널(kind.krx.co.kr)에 등록되는 기업의 공시 자료를 직접 확인하는 방법을 익히고 활용할 필요가 있다.

재무제표 기본

　여기에서는 금융감독원의 전자공시 시스템의 화면을 기준으로 재무제표를 확인하는 방법과 활용법에 대해 이야기해 보겠다.

　요즘은 모바일 서비스가 발달되어 있기 때문에 애플 앱스토어나 구글 플레이스토어에서는 전자공시 시스템과 연동되는 다양한 모바일 앱을 다운받아 사용할 수 있으며, 한국거래소에서는 기업공시채널(kind.krx.co.kr)과 연동되는 모바일 앱을 제공하고 있기도 하다. 어떤 방법을 이용하든 근본적으로 정보의 내용은 동일하기 때문에 본인이 하기 편한 방법을 이용하자.

[그림4-22] 금융감독원의 전자공시 시스템 홈페이지 화면(dart.fss.or.kr)

　[그림4-22]는 금융감독원의 전자공시 시스템에 접속했을 때 볼 수

있는 화면이다. 이곳에서 기업 공시 내용, 재무제표를 확인하는 방법
은 매우 간단하다. 상단에 있는 검색창에 자료를 찾고자 하는 기업명
을 입력하고 검색을 누르기만 하면 된다. 가끔 검색 버튼을 눌렀을
때 별도의 기업 목록 창이 뜨기도 하는데 목록에서 확인하고자 하는
기업을 클릭하면 된다.

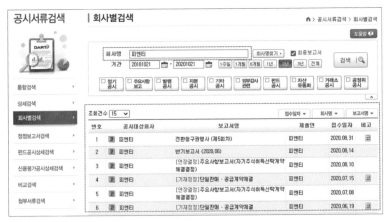

[그림4-23] 전자공시 시스템에서 기업을 검색하면 여러 가지 공시 자료가 보인다.

[그림4-23]는 전자공시 시스템에서 피엔티라는 종목을 검색한 결
과를 나타낸 것이다. 기업에서 공시한 여러 가지 내용이 목록에 나타
나는데, 투자자들이 꼭 봐야 할 것은 사업보고서, 분기보고서, 반기
보고서이고 '단일판매·공급체결계약' 공시와 같은 수주 공시는 참고
로 보면 된다.

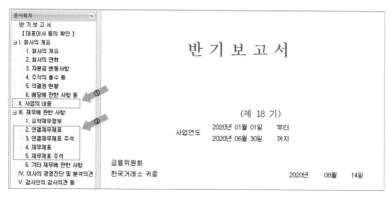

[그림4-24] 실적에 관한 정기 공시 내용을 클릭했을 때 나타나는 화면

재무제표 확인을 위해 사업보고서, 분기보고서, 반기보고서 등 실적에 관한 정기 공시를 클릭하면 [그림4-24]에서 볼 수 있는 것처럼 왼쪽에 해당 보고서의 목차가 있다.

여기에서 투자자들이 반드시 확인해야 할 것은 'Ⅱ. 사업의 내용'과 'Ⅲ. 재무에 관한 사항'의 연결재무제표 또는 재무제표이다. 연결재무제표는 지배기업과 종속기업의 재무 정보를 포함한 내용이므로 기본적으로 연결재무제표를 확인하면 된다. 지배기업이나 종속기업이 없는 경우에는 연결재무제표가 공란으로 표시되기 때문에 '4. 재무제표'를 확인하면 된다.

재무제표는 기업 활동의 결과물이 담긴 과거의 자료이다. 하지만 투자자들은 이 자료를 통해서 미래를 예측해 볼 수 있으며, 비록 지나간 기업 활동에 대한 기록이지만 지금 현재 기준으로 투자를 진행할 것인지 판단할 수 있는 중요한 자료가 될 수 있다.

매출과 영업이익, 그리고 당기순이익

기업이 돈을 벌어들인다는 것은 매출을 올린다는 것이고, 매출에서 인건비를 비롯한 여러 가지 사업과 관련된 지출을 빼고 남는 돈이 영업이익이다. 세금(법인세)을 비롯한 온갖 비용을 제하고 순수하게 남는 돈이 당기순이익이며, 당기순이익을 주식 수로 나눈 것이 주당순이익, 흔히 말하는 EPS이다.

기업이 기업 활동을 통해 돈을 벌고, 각종 비용을 지출하고 순수하게 남는 돈인 순이익 중 일부가 배당금이다. 주주들은 '순수하게 남은 돈'인 순이익의 일부를 배당금으로 지급받는 것이고, 나머지 이익 잉여금은 기업의 자산으로 편입된다.

이렇듯 기업 활동, 기업 본질과 직접적으로 관련 있는 항목이 바로 매출, 영업이익, 당기순이익이라고 할 수 있기 때문에 투자자들은 이 항목을 반드시 살펴봐야 한다.

[그림4-25]는 피엔티의 반기 연결재무제표의 손익계산서 일부이다. 중간에 다른 항목들이 존재하지만 설명의 편의를 위해 생략(삭제)하였다.

재무제표를 보다 보면 기업마다 조금씩 항목 구성이 다른 것을 확인할 수 있는데 공통적으로 가장 위에 매출이 있다. 그리고 매출과 관련된 비용을 제외해야 영업이익이 산출되기 때문에 매출 관련 항목 아래에 영업이익이 있다. 그리고 맨 아래에 주당 순이익(EPS)이 있다. 매출액이 가장 먼저 기업에 들어오는 돈이기 때문에 가장 위에 위치하며, 모든 비용을 제외하고 그 돈을 주식 수로 나눈 최종값이 EPS이기 때문에 맨 아래에 위치한다.

재무제표를 보는 것이 익숙지 않은 사람들은 숫자가 바로 눈에 들어오지 않을 수도 있지만, 자주 확인하다 보면 숫자가 눈에 익고 기업이 사업을 잘하고 있는지, 성장하고 있는지 아닌지를 빠르게 파악할 수 있다.

어디를 확인하면서 기업의 성장 유무를 판별할 수 있을까? 그것은 바로 실적이 증가하고 있는지를 확인하는 것이다. 즉 전년 대비 매출이 증가하고 있는지, 전년 대비 영업이익이 증가했는지, 전년 대비 당기순이익, EPS가 증가했는지를 봐야 한다는 것이다.

연결 포괄손익계산서
제 18 기 반기 2020.01.01 부터 2020.06.30 까지
제 17 기 반기 2019.01.01 부터 2019.06.30 까지

(단위 : 원)

	제 18 기 반기		제 17 기 반기	
	3개월	누적	3개월	누적
매출액	96,771,285,342	179,638,407,989	106,813,597,551	173,479,220,119
매출원가	77,827,849,463	147,628,666,531	96,117,408,245	156,541,633,798
매출총이익	18,943,435,879	32,009,741,458	10,696,189,306	16,937,586,321
판매비와관리비	5,259,203,237	10,987,723,343	5,104,521,130	8,617,126,370
영업이익(손실)	13,684,232,642	21,022,018,115	5,591,668,176	8,320,459,951
당기순이익(손실)	10,191,543,912	16,013,479,378	4,040,125,154	7,113,057,975
주당이익				
기본주당이익(손실) (단위 : 원)	508	832	238	425
희석주당이익(손실) (단위 : 원)	493	809	205	365

[그림4-25] 피엔티 2020년 2분기(반기) 연결재무제표의 손익계산서 일부

[그림4-25]에 나타난 숫자를 확인해 보자. 6개월(반기) 매출액을 확인해 보면 2019년 반기 매출은 약 1,735억 원, 2020년 반기 매출은 약 1,796억 원이다. 2020년 반기 매출은 2019년 반기 대비 약 3.5% 정도 늘어났다(YoY +3.5%).

영업이익은 어떤가? 2019년 반기 영업이익은 약 83억 원인데, 2020년 반기 영업이익은 약 210억 원이다. 영업이익 증가율은 약 153%(2.53배)를 기록한 것을 알 수 있다. 매출액 증가율은 미미했지만 영업이익 증가율은 상당히 높다는 것을 알 수 있다. 즉 영업이익률이 크게 개선되었다는 뜻이다. 영업이익률이 크게 개선된 것에는 여러 가지가 있겠지만 [그림4-25]에서 확인할 수 있는 것은 매출 원가가 전년 대비 줄어들었다는 것이다.

당기순이익은 어떨까? 영업이익이 크게 증가한 것과 마찬가지로 큰 폭으로 증가했음을 알 수 있다. 2019년 반기 당기순이익은 71억 원 수준이었지만 2020년 반기 당기순이익은 160억 원으로 전년 대비 125%(YoY +125%)나 성장하였다. 이에 따라 EPS 역시 425원에서 832원으로 95%, 약 2배 증가했다(YoY +95%).

[그림4-25]의 내용을 종합해 보면, 매출액의 뚜렷한 증가는 없지만 여러 가지 비용이 감소함으로써 영업이익과 당기순이익이 크게 증가했음을 확인할 수 있다. 즉 기업이 순수하게 벌어들인 돈이 증가했다는 뜻이다.

만약 이 같은 실적 증가가 일회성이 아니라 다음 분기 실적 발표에서도 반복된다면 해당 기업은 지속적인 성장을 구가하는 것으로 파악할 수 있으며, 주가 역시 꾸준히 상승할 가능성이 높다.

이와 같이 기업의 매출액, 영업이익, 당기순이익을 파악하는 것은 투자자가 해야 할 가장 기본적인 자세이다. 기업이 얼마의 돈을 벌고 있고, 최종적으로 얼마의 이윤을 남기는지를 확인해야 한다.

물론 재무제표를 보다 보면 매출액과 영업이익이 증가하는데도 불구하고 주가가 떨어지는 경우를 발견할 수도 있다. 필자가 앞서 매매 사례로 보여 준 디알젬의 경우에도 매출과 영업이익 증가가 확인된 실적발표일 이후 주가가 떨어졌다.

이처럼 실적 증가가 확인된 이후에 주가가 떨어지는 경우가 있는데도 불구하고 실적을 유심히 봐야 하는 것은, 실적이 주가를 움직이는 가장 근본적인 힘이며, 주가 움직임을 정당화할 수 있는 하나의 기준이 될 수 있기 때문이다.

미래를 보는 방법 1 : 수주 잔고

투자자들은 시장에 알려지지 않은 미래의 실적을 어떻게 알 수 있을까? 미래 실적을 예측할 수 있다면 실적이 증가할 주식을 선점할 수도 있을 것이고 남들보다 한발 앞선 투자로 수익을 올릴 수도 있을 것이다.

사업보고서, 반기보고서, 분기보고서 등에 실려 있는 'Ⅱ. 사업의 내용'에는 해당 기업에 대한 많은 정보가 실려 있다. 그중에서 미래 실적을 예상해 볼 수 있게 하는 항목이 '수주상황'이다. 수주라는 것은 한 기업이 다른 기업으로부터 물건을 주문받는 것이다. 즉 기업과 기업이 계약을 맺고 한 기업이 다른 기업에 물건을 납품하고, 물건을 납품하는 동시에 돈을 지급받는 것이다. 수주 계약이 이루어지면 이변이 없는 한 해당 기업은 제품을 생산하여 납품하게 된다.

물론 중간에 계약이 파기되는 경우도 있지만 흔치 않은 일이다. 그리고 빈번한 계약 파기가 발생하지 않도록 하기 위해 계약금(선수금)을 지불하는 것이 일반적인 절차이다. 이런 면에서 볼 때, 분기별 사업보고서에서 '수주상황'을 살펴보면 해당 기업의 미래 매출과 수익을 가늠해 볼 수 있고, 이는 기업의 미래 실적을 예측해 볼 수 있는 하나의 방법이 될 수 있다.

[그림4-26]은 피엔티의 2020년 반기보고서(8월 14일 공시)에 실려 있는 '수주상황'이다. 2020년 6월 말 기준으로 피엔티 본사의 수주 잔고는 약 3,800억 원이라고 나와 있고, 종속회사인 섬서인과기계설비(유)의 수주 잔고가 약 700억 원이라고 공시하고 있다. 두 회사의 수주 잔고 금액을 합친 금액이 약 4,500억 원인데, 그에 관한 내용을 하단에 주3)에 기재하고 있다.

앞서 [그림4-25]에서 피엔티의 매출액과 영업이익, 당기순이익 등을 확인한 바 있다. [그림4-25]에서 확인할 수 있는 피엔티의 2분기(3개월) 매출은 967억 원이었으며, 반기(6개월) 매출은 1,796억 원이었다. 2분기 종료 시점(6월 30일) 기준 피엔티의 수주 잔고는 4,500억 원

II. 사업의 내용

6. 수주상황
가. 회사별, 사업부별 수주현황

1) (주)피엔티
 (기준일: 2020년 06월 30일)

(단위
: 백만원)

사업부	수주금액	프로젝트 수	비율
2차전지사업부	291,482	146	64%
소재사업부	83,791	73	19%
정밀자동화사업부	5,518	24	1%
합 계	380,791	243	84%

2) 섬서인과기계설비(유)
 (기준일: 2020년 06월 30일)

(단위
: 백만원)

사업부	수주금액	프로젝트 수	비율
소재 사업부	70,498	23	16%

주1) 수주상황의 경우 경쟁사들 사이에 납품이 되기때문에 대부분 비밀유지계약과 비공개 사항이므로 상법상 감사위원회에 보고를 합니다..
주3) 연결기준 수주현황은 266건, 451,289백만원입니다.

[그림4-26] 반기보고서 'Ⅱ. 사업의 내용'에 실려 있는 '수주상황'에 관한 내용

이다. 이는 2020년 1~2분기 6개월 동안 기록한 매출보다 더 많은 양의 일감이 밀려 있다는 말이다. 즉 앞으로 6개월 이상은 공장이 쉴 새 없이 돌아갈 가능성이 높다는 것을 암시하며, 최소한 향후 매출이 줄어들지는 않을 것이라고 생각할 수 있다.

또한 피엔티 입장에서는 상당한 양의 일감이 확보된 상태이기 때문에 이를 바탕으로 재료 대량 구입, 제품 생산 공정 효율화 등을 통해 생산 비용 절감을 통해 매출 원가를 낮추고, 영업이익률을 끌어올

릴 여지가 있다.

수주 잔고가 많으면 다음 분기 매출이 증가할 가능성이 높다. 그렇지만 항상 다음 분기 매출이 크게 증가하는 것은 아니라는 점을 명심해야 한다. 회사마다 주문받은 제품을 제작하고 납품하기까지 걸리는 시간(납기)이 다르기 때문에, 다음 분기 매출을 예상할 때는 수주 잔고와 함께 제품 계약에서부터 납품까지 걸리는 시간도 고려해야 한다.

2부에서 살펴본 디알젬의 경우에는 납기가 3개월 미만이었기 때문에 매출액을 비교적 쉽게 예상할 수 있었지만, 납기가 3개월을 넘어서는 경우도 많기 때문에 여러 가지 요소를 따져 볼 필요도 있다.

피엔티의 경우에는 납기가 보통 9~12개월로 책정되는데, 이는 당분기 수주 잔고가 많다고 해도 다음 분기 실적에 바로 반영이 될 수 없다는 뜻이다. 주요 제품의 납기를 확인하는 방법은 공시 목록에 나와 있는 '단일판매·공급계약체결' 공시에서 '5. 계약기간' 항목을 확인하면 된다. 여기에서 계약 종료일이 제품을 납품하고 매출이 인식되는 날이라고 생각하면 된다. 또 다른 방법으로는 해당 기업의 IR부서에 전화해서 물어보면 된다.

이처럼 미래의 수익을 예상하기 위해서는 재무제표를 살펴보면 된다. 비록 모든 기업이 사업보고서에 '수주상황'을 자세히 기록하고 있는 것은 아니지만, 대다수의 B2B 기업은 웬만한 정보는 공개하고 있기 때문에 이를 잘 활용하면 충분히 좋은 투자 결과를 만들어 낼 수 있다.

이 책의 4부를 통해 핵심적인 요소를 먼저 숙지한 다음, 2부에서 이야기한 나의 투자 사례(디알쎔)를 살펴보고, 이를 모방하여 투자를 해 보기 바란다. 이 같은 일련의 과정이 재무제표 활용법을 익히는 하나의 방법이 될 수 있다.

미래를 보는 방법 2 : 재고 자산

재무제표에는 다양한 항목이 있다. 그중에서 기업의 실적과 직접적으로 관련이 있는 항목을 꼽으라면 '재고 자산'을 꼽을 수 있다. 재고라는 것은 기업이 제품을 만들거나 판매를 목적으로 보관해 둔 재화를 말하는 것으로서 제품이 소비자나 다른 기업, 도매상 등에 인도되면 언제든지 매출로 인식 될 수 있는 물건이다.

매출로 인식될 수 있다는 점에서 재고의 변화를 눈여겨볼 필요가 있다. 다음 사례를 통해 재고의 변화가 주가의 변화와 어떤 관련성을 가지는지 확인해 보자.

[그림4-27](242쪽)은 2020년 3월 30일에 공시된 크린앤사이언스의 2020년 사업보고서에서 '연결 재무상태표'의 일부 내용을 가져온 것이다. 재무상태표에서는 재고 자산을 포함한 여러 가지 자산 항목의 3년 동안의 변화를 확인할 수 있다. [그림4-27]을 보면 크린앤사이언스의 유동자산이 3년 동안 꾸준히 증가하고 있다는 것을 확인할 수 있고, 그중에서도 재고 자산과 매출 채권의 증가가 눈에 띈다. (매출 채

2. 연결재무제표

연결 재무상태표
제 40 기   2019.12.31 현재
제 39 기   2018.12.31 현재
제 38 기   2017.12.31 현재

(단위 : 원)

	제 40 기	제 39 기	제 38 기
자산			
유동자산	60,597,079,179	50,070,600,331	40,988,670,404
현금및현금성자산	3,028,496,631	1,814,383,633	4,487,588,987
단기금융상품	6,894,500,000	7,925,639,400	6,031,400,000
매출채권	28,885,956,692	23,669,360,117	17,125,909,832
매출채권 및 기타유동채권	150,212,581	97,948,796	399,379,460
재고자산	20,501,676,278	15,751,179,206	12,053,667,026

[그림4-27] 크린앤사이언스의 2019년 연결 재무상태표 내용 중 일부

권도 증가하고 있지만 여기에서는 매출 채권에 대해 다루지 않는다.)

매년 재고 자산이 증가하는 이유가 무엇일까? 재고 자산의 증가는 기업의 실적에 어떤 영향을 주는 걸까? 기업은 언제 재고를 늘리게 될까?

당신이 작은 상점을 운영하는 사람이라고 가정해 보자. 날씨가 더워져서 아이스크림을 찾는 사람들이 늘어났고 아이스크림은 자주 품절 사태를 빚게 되었다. 그렇다면 당신은 어떤 결정을 내리겠는가?

매출을 더 많이 올리겠다는 생각을 한다면, 냉장고에 더 많은 아이스크림을 채워 넣을 것이다. 즉 아이스크림의 재고를 늘리는 것이다. 그렇게 하면 아이스크림 품절 사태가 발생하지 않을 것이고, 아이스크림을 최대한 많이 팔 수 있으니 매출도 많이 늘어날 것이다. 다른

상품도 마찬가지이다. 예컨대, 라면 수요가 늘어나면 그에 맞춰서 라면의 재고량을 늘려서 품절 사태가 빚어지지 않도록 조절할 것이다. 이렇게 재고량을 조절하면서 수요에 대응하게 된다.

그러나 라면과 아이스크림이 건강에 해롭다는 소문이 돌면서 갑작스럽게 수요가 줄어든다면 어떻게 할 것인가? 아이스크림과 라면의 재고 조절에 나설 것이다. 기존에 다 팔지 못하고 남겨 둔 아이스크림과 라면을 먼저 판매하고 모자라는 부분에 대해서만 보수적으로 물건을 채우면서 재고량을 타이트하게 만들 것이다. 이런 경우에는 당연히 매출이 줄어들게 된다. 판매량이 줄어드니 매출이 줄어들기 때문이다. 팔리지 않는데 재고를 많이 쌓아 둘 필요가 없다.

기업이 재고 자산을 늘릴 때도 이와 비슷한 의사결정 과정을 거치게 된다. 더욱이 기업이 재고 자산을 늘린다는 것은 시장에서 나타나는 상품 수요 증가가 일시적인 것이 아니라 비교적 오랜 기간 지속될 것이라는 점을 전제로 한다. 재고 자산을 늘렸는데 제품 수요가 이전과 같지 않다면 결국 손실로 귀결되고 기업 경영에 큰 타격을 받을 수 있기 때문이다.

그렇기 때문에 기업은 재고를 늘리는 결정을 할 때 매우 신중히 행동할 수밖에 없고, 재고가 늘어난다는 것은 어느 정도 수요에 대한 확신이 있기 때문이라고 생각할 수 있다. 즉 매출 증가에 대한 확신이 있다는 것이다.

다음 표를 보자.

연도	2014년 말	2015년 말	2016년 말	2017년 말	2018년 말	2019년 말	2020년 2Q
금액(억)	88	95	76	121	157	205	212
증감률 (YoY)	-	+7.9%	-20%	+59%	+30%	+30%	+3%

[표4-1] 크린앤사이언스의 지난 7년간 재고 자산의 변화(2014년~2020년 2Q)

연도	2014년 말	2015년 말	2016년 말	2017년 말	2018년 말	2019년 말	2020년 2Q
금액(억)	562	595	600	771	952	1,183	779 (6개월)
증감률 (YoY)	-	+5.8%	+0.8%	+29%	+23%	+24%	+19% (6개월)

[표4-2] 크린앤사이언스의 지난 7년간 매출액 변화(2014년~2020년 2Q)

[표4-1]은 크린앤사이언스의 지난 7년 동안의 재고 자산 금액을 나타낸 것이다. 2014년 말, 크린앤사이언스의 재고 자산은 88억 원이었고, 2016년 말에는 76억 원으로 재고 자산이 줄어들었다. 같은 기간 동안 크린앤사이언스의 매출액 변화는 어떨까?

[표4-2]를 보면 2014년 말 매출액 562억 원에서 2016년 말 600억 원으로 약 7% 증가하긴 했지만, 그 이후의 증가에 비하면 미미한 수준이라 할 수 있고, 2015년 말 대비 2016년 말 매출은 사실상 거의 변화가 없는 수준이다.

그렇지만 2017년 이후 크린앤사이언스의 재고 자산은 눈에 띄게 증가했다. 2017년 말에는 전년 대비 59%나 재고 자산이 증가했고,

그 이후인 2018년, 2019년 말에는 해마다 30% 이상씩 재고 자산이 증가했다. 같은 기간 동안 매출액의 변화는 어떤가?

[표4-2]에서 확인할 수 있듯이 2017년 말 29%의 매출액 성장을 보여 준 이후, 2018년과 2019년에도 20% 이상의 매출액 성장을 기록했다. 위 표에 영업이익과 당기순이익의 변화는 표기하지 않았지만 매출액과 비슷한 수준으로 증가했다. (직접 확인해 보기 바란다.)

주가는 어떻게 움직였을까?

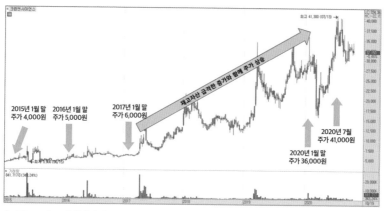

[그림4-28] 크린앤사이언스 주가 차트. 2015~2020년

[그림4-28]을 보면 재고 자산의 증가가 주가 흐름에 긍정적 영향을 미쳤음을 알 수 있다. 재고 자산의 증가는 매출액 증가로 이어졌고, 매출액 증가는 영업이익, 당기순이익의 증가로 이어지면서 주가 상승에 긍정적 요소로 작용한 것이다. 특히 눈여겨볼 만한 점은 크린앤

사이언스의 재고 자산은 2017년부터 큰 폭으로 증가하기 시작했고, 매출액 역시 매년 20% 이상 성장했는데 재고 자산이 증가하기 시작한 이후부터 주가가 큰 폭으로 올랐다는 것이다. (2017년부터 2020년까지 주가는 약 6배 상승했고, 2015년 1월 저점부터 2020년 고점까지 계산한다면 주가가 10배나 올랐다!)

이 같은 사실을 통해 재고 자산이 실적과 밀접한 관련이 있고 궁극적으로 주가의 움직임과 깊은 연관성을 가진다고 생각할 수 있다. 그렇기 때문에 우리는 재고 자산의 변화를 살피면서 기업의 성장 가능성을 가늠해 보고 이를 투자에 활용해 볼 수도 있는 것이다.

물론 재고 자산의 증가가 언제나 기업의 실적 상승으로 이어지고 주가 상승을 불러오는 것은 아니지만, 좀 더 확신을 가지고 투자를 할 수 있도록 도와주는 하나의 방법이 될 수는 있다.

재고 자산을 활용한 투자 방법은 주식 시장에 존재하는 여러 가지 투자 방법 중 하나가 될 수 있으며, 여기에서부터 시작해서 본인의 능력을 확장시켜 나간다면 여러 가지 무기를 가진 투자자가 될 수 있을 것이다.

4부에서는 주식 투자자들이 알면 좋을 만한 기술적 분석과 기본적 분석에 대해서 다루었다. 4부의 내용을 모른다고 해서 주식 투자에 실패하는 것도 아니고, 안다고 해서 반드시 주식 투자에 성공하는 것도 아니다.

확실한 것 한 가지는 이 내용을 숙지하고 이를 잘 활용한다면 분명 주식 시장에서 더 나은 성과를 낼 수 있다는 것이다. 내가 4부에서 이야기한 것들은 독자들이 원칙을 정하는 데 도움이 될 만한 것들이다.

이렇게 단순하고 쉬워 보이는 원리와 원칙들조차도 실전에서 적용하기란 쉽지 않다는 것을 투자를 해 본 사람들이라면 잘 알 것이다. 그렇기 때문에 자신만의 원칙을 정하고 그것을 지키기 위해 노력해야 한다. 더 깊이 있는 공부를 하고 싶은 사람들은 기본적 분석(재무제표)에 대해 다룬 책을 2~3권 정도 탐독하기 바란다. 또한 투자의 대가들의 조언, 기술적 분석에 관해 다룬 책을 통해서 자신의 역량을 키우기 바란다.

부록

박스권 탈출(52주 신고가) 종목 쉽게 찾는 방법

매물대 설정 방법

보조지표 MACD 설정 방법

박스권 탈출(52주 신고가) 종목 쉽게 찾는 방법

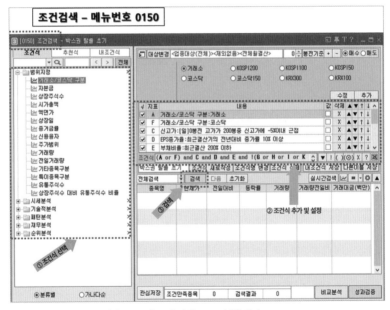

[그림5-1] 키움증권 HTS '영웅문4'의 조건 검색(0150) 실행 화면

개인 투자자들이 많이 이용하는 증권사 중 하나인 키움증권 HTS 기준으로 설명하겠다. 다른 증권사도 동일한 기능을 제공하고 있으며, 실행 방법이나 내용에는 큰 차이가 없기 때문에 이 내용을 참고로 각자 사용하는 증권사 HTS에서 검색식을 설정한 후 종목 검색을 진행하면 된다.

HTS에서 조건 검색(또는 종목 검색) 창을 연 뒤, 조건식을 설정하고 검색 버튼을 누르면 '검색' 버튼 아래쪽에 검색식 조건에 부합하는 종목이 나온다.

자세한 설명은 다음 QR코드 영상을 참고하도록 하자. 영상을 보면서 따라 하는 편이 더 쉬울 것이다.

종목 검색 설명 영상

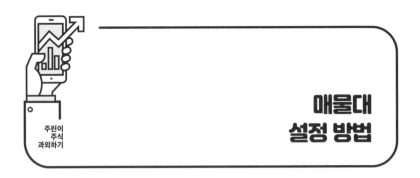

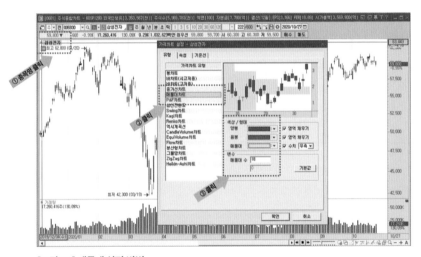

[그림5-2] 매물대 설정 방법

　　HTS에서 매물대를 설정하기 위해서는 '차트창' 왼쪽 상단의 '종목
명'을 클릭하면 된다(①).

종목명을 클릭하면 '설정창'이 뜨는데, 여기에서 차트 유형을 '매물대 차트'로 선택하면(②) 매물대 색상과 개수를 설명할 수 있다(③). 매물대 색상과 개수를 선택하고 '확인' 버튼을 누르면 매물대 차트가 설정된다.

자세한 사항은 다음 QR코드 동영상 설명을 참고하도록 하자.

매물대 설정 안내 영상

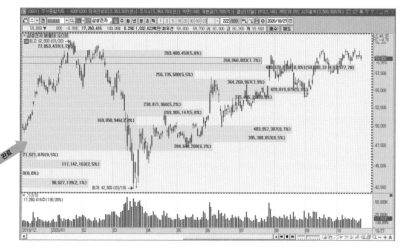

[그림5-3] HTS 차트에서 매물대 설정이 완료된 모습

MTS에서도 간단하게 매물대 차트를 설정할 수 있다. 종목의 차트

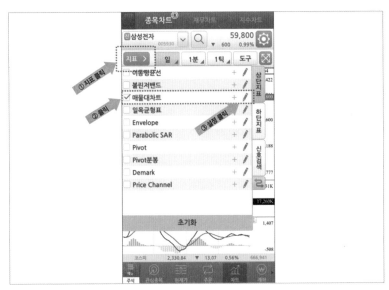

[그림5-4] 키움증권 MTS '영웅문S'에서 매물대 설정하는 방법

가 나와 있는 화면에서 좌측 상단의 '지표〉' 버튼을 누른다(①). 여러
가지 항목 중에서 '매물대 차트'를 선택한다(②) 오른쪽 연필 모양을
클릭하면(③) 매물대 개수를 설정할 수 있는 화면이 나온다(④). 본인
이 원하는 개수만큼 설정하면 된다.

[그림5-5] 매물대 설정

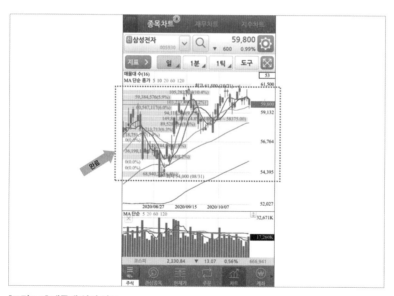

[그림5-6] 매물대 설정 완료

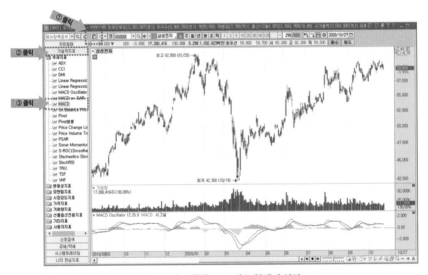

[그림5-7] 보조지표 MACD 설정하는 방법. HTS 차트 창에서 설정

HTS의 '차트 창' 왼쪽 상단에 있는 '보조 메뉴'를 볼 수 있게 하는
버튼을 클릭하면(①), 왼쪽에 보조지표 목록이 뜬다.

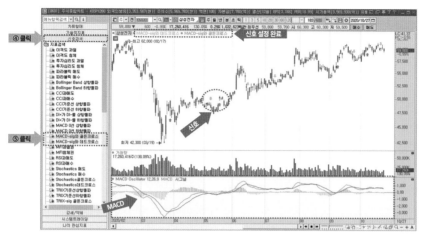

[그림5-8] MACD 매수·매도 시그널 설정하는 방법

보조지표 목록 위쪽의 검색 메뉴에서 'MACD'를 검색하거나, '기술 적 지표'를 클릭한 후(②), 목록에서 'MACD'를 찾아서 클릭한다(③). MACD를 클릭하면 주가 차트 하단에 '보조지표'가 생성된다.

기술적 지표에서 'MACD'를 선택해서 보조지표를 생성했다면, 그 다음에 '매수·매도 시그널'을 설정하면 된다.

왼쪽 목록 분류에서 '신호검색'을 클릭한다(④). 그러고 나서 목록 중간쯤에 'MACD-sig와 골든크로스', 'MACD-sig와 데드크로스'를 각 각 클릭한다(⑤). 그러면 오른쪽 차트 창에 화살표가 생긴 것을 확인 할 수 있다. 종목명 오른쪽의 'MACD-sig와 데드크로스', 'MACD-sig 와 골든크로스'를 더블클릭하면 화살표 색상을 변경할 수 있다.

자세한 사항은 다음 QR코드 동영상을 참고하도록 하자.

MACD 설정 안내 영상

MTS의 차트 화면에서 왼쪽 상단의 '지표>'를 클릭한다(①).

'보조지표' 목록에서 'MACD'를 클릭한다(②).

MACD 매수·매도 신호를 설정하기 위해서 오른쪽의 '신호검색 탭 (③)'을 선택하면, 신호와 관련된 지표의 목록이 뜬다. 중간 부분에 'MACD-sig와 골든크로스', 'MACD-sig와 데드크로스'를 체크한다(④).

'지표>'를 클릭해서 창을 빠져나가면 설정된 것을 확인할 수 있다.

[그림5-9] MTS '영웅문S' MACD 설정 화면

[그림5-10] MACD 설정 화면

[그림5-11] MACD 설정 화면

나처럼 될 수도 없고, 그럴 필요도 없다.

나는 이 책을 통해 주식 투자의 전략 차원에서 하나의 방법론을 보여 주었다. 결과적으로는 하나의 전략이었지만 세부적으로는 주식 시장에 잘 알려진 다양한 요소가 유기적으로 결합된 것이기도 하다. 당신은 이 전략을 실천할 수도 있고 하지 않을 수도 있다. 또한 이 전략과 관련된 여러 가지 요소 중에서 자신의 투자 성향과 맞는 것만 선택하여 사용할 수도 있을 것이다.

투자자들 모두가 나처럼 될 필요는 없다. 당신은 나와 다르다. 내가 아니기 때문에 나처럼 될 수가 없다. 그렇기 때문에 내가 보여 준 전략을 완벽히 따라 하려는 것 자체는 의미 없는 행동일지도 모른다.

주식 투자에 관심을 가지고 있는 보통의 사람들을 만나서 투자에 관해 이야기를 나누다 보면 공통적으로 궁금해하는 것이 있다. 그것은 바로 내가 무엇을 샀는가(무슨 종목을 가지고 있는가), 그리고 지금 무엇을 사야 하는가에 대한 나의 의견이다.

사람들과 이야기를 하다 보면 가끔은 내가 가지고 있는 종목에 대해 이야기할 때도 있고, 특정 산업이나 기업에 대한 개인적인 생각을 이야기하면서 부득이하게 종목에 대해 이야기할 때도 있다. 특정 기업에 대해서 이야기하거나 내가 가지고 있는 주식에 대해서 이야기할 때, 나는 말미에 꼭 이런 말을 덧붙인다.

"내가 샀다고 해서, 가지고 있다고 해서 사라는 말이 절대 아닙니다. 안 사는 편이 나을지도 모릅니다."

특정 종목에 대해서 언급하면서 "사지 말라."고 했다고 해서 사람들이 과연 안 샀을까?

내가 경험한 바로는 언급된 종목을 사는 사람들은 항상 있었다. 추천 종목이 아니라고 신신당부했는데도 불구하고, 내가 보유하고 있다는 이유만으로 해당 기업을 긍정적으로 평가하면서 매수했을 것이다.

이런 상황은 나로 하여금 특정 종목에 대해서 이야기하기를 꺼리게 만드는 이유가 된다. 이것은 단순히 내가 보유한 종목이 공개되고 어떤 사람이 그것을 매수하는 것이 문제가 된다는 뜻이 아니다.

투자에서 매수, 매도를 하는 것은 언제나 본인 스스로의 몫이기에 내가 그 행동을 완전히 가로막을 수는 없다. 하지만 그 결과가 항상 아름답지만은 않다는 데 문제가 있다.

때로는 나의 이야기를 듣고 묻지마 매수를 했다가 후회하는 사람들이 발생하고, 심지어는 묻지마 매수로 인해 나에게 직접적으로 어려움을 호소하는 사람들도 있다. 그럴 때면 나의 마음이 편치 않다. 그 상황에서 내가 어떻게 위로해 줄 수 있을까? 어떤 해결책을 내어주어야 할까? 그런 상황에서는 내가 그들에게 해 줄 수 있는 말이 없다.

그렇기 때문에 나는 사람들이 내가 가졌다는 이유만으로 매수하지 않기를 바라며 몇 마디 말을 덧붙인다.

> "사지 않는 것이 최선이지만, 사고 싶다는 마음이 든다면 꼭 명심하세요. 나는 이 주식을 내일 매도할 수도 있습니다. 물론 여러분은 내가 그 주식을 매도했는지, 홀딩하고 있는지 모르는 상태죠.
> 본인이 이 주식을 사는 이유가 무엇인가를 생각하면서 스스로의 기준에 부합하는지를 따져 봐야 합니다. 매수하는 것은 좋습니다. 본인이 그것이 최선이라고 생각한다면 그렇게 하는 것이 맞습니다. 하지만 그 전에 반드시 자신만의 기준을 세우고 그에 부합하는지 점검하고, 그리고 언제, 어떻게 매도할 것이라는 생각을 가지고 있어야 합니다.
> 내 기준과 여러분의 기준은 다르니까요."

스스로의 기준이 없는 투자는 무너질 수밖에 없다. 시장에서 살아남기 위해서는 자신만의 기준과 원칙이 있어야 하며 그래야만 손실을 면할 수 있다. 기준과 원칙을 철저히 지킨다면 수익이 점점 쌓일 것이고, 그것은 결국 큰 부를 일구는 밑거름이 될 수 있을 것이다.

자신만의 투자 원칙을 세우고 그것을 지켜낸다면 큰 부를 이룰 수 있다는 것은 수많은 전설적인 투자자들이 공통적으로 했던 말이 아닌가?

주식의 신이라 불리는 인물, 르네상스 테크놀로지를 이끄는 짐 사이먼스는 이렇게 말했다.

> "어떤 모형(전략)을 이용해서 트레이딩하기로 했으면 그저 노예처럼 그 모형을 따르기만 하면 된다. 그 모형이 멍청하게 여겨지더라도, 무슨 일이 있어도 절대적으로 모형이 시키는 대로만 하면 된다."

노벨 경제학상을 받은 심리학자 대니얼 카너먼은 이렇게 말했다.

> "주식을 샀다 팔았다 하는 수많은 개인 투자자들은 계속해서 돈을 잃는다. 원숭이에게 다트 게임을 시켜도 그보다는 나을 것이다. 정량적 분석에 기초한, 규율 있는 방식으로 투자한다면 야성적 충동을 줄이고 꾸준한 수익을 만들어 낼 수 있다."

내가 이야기한 투자 전략의 전부 또는 일부를 자신의 상황에 맞게 적절히 활용한다면 분명 좋은 결과가 있을 것이다.

운칠기삼(運七技三)이라고 했던가. 70%의 운을 잡기 위해서는 평소에 피나는 노력을 통해 운을 놓치지 않도록 해야 한다. 스스로 능력을 높이지 않는다면, 운이 찾아와도 그것이 운인지 아닌지 구분하지 못하기 때문에 운을 잡을 수 있는 실력을 갖추어야 한다.

시장은 분명 노력하고 스스로를 발전시키려는 사람에게 좋은 결과를 안겨 준다. 수익은 대박을 좇는 투자자, 한탕을 노리는 투자자들이 가져가는 것이 아니라 꾸준히 노력하는 투자자들의 몫이다.

나는 시장에서 노력하는 사람들의 성공을 보았고, 그 가능성을 믿는다.

어쩌면 당신은 나보다 더 뛰어난 투자자일 수도 있고, 더 큰 가능성을 품고 있는 사람일 수도 있다. 스스로를 믿고 나아가는 과정에서 큰 기회를 잡을 수 있을 것이다.

이 책의 맨 앞장, 가장 첫 마디는 다음의 문장이었다.

"내가 할 수 있는 일은 너에게 문을 보여 주는 것뿐이다.
그 문을 열고 나가느냐 마느냐를 결정하는 것은 오직 당신 몫이다."

안내서를 손에 쥔 당신. 문을 열고 새로운 세상으로 나갈지 말지를 결정하는 것은 오직 당신의 몫이다. 그리고 잊지 말아야 할 것은 문을 열고 나가서 맞닥뜨리는 세상, 그곳에서는 당신만의 방법으로 생존해야 한다는 것이다.

그것이 시장의 법칙이다.